成為原本的自己

從榮格心理學出發
探索12原型的力量

陳安逸 著

目錄

PART 1 榮格心理學與原型

PART 3 十二原型與內在力量

PART 1

榮格心理學與原型

榮格心理學，也稱爲分析心理學（Analytical psychology）或榮格原型（Jungian archetypes），是致力於探究人類心靈深層結構的心理學分支。榮格心理學認爲，一個人從事的工作、結交的朋友、在逆境中的選擇，以及在生活中所獲得的各種意義，不僅受到意識的支配，還受到潛意識的控制。

潛意識位在人類的心靈深處，其中布滿了「原型」（archetype）——人類原始經驗的集結。原型與其他的心理學概念不同，它並非特指某種心理內容，例如：記憶、語言、思考方式，也沒有對應的大腦活動區域，而是心理結構的普遍模式。

「原型」是榮格心理學中的重要概念，不僅說明人們如何從心靈最深處認識和理解自我，同時亦幫助人們塑造出更加完整的人格，以度過不同的人生階段、適應不同的生存環境。時至今日，關於榮格心理學的研究和實踐依舊不斷延伸，人們希望可以從更加深刻的角度去追尋人生的軌跡，進而實現人生目標。

第一章　原型的來源與本質

原型源自千百萬年的文化累積，存在於每個人的種族記憶中，相關的內涵涉及心理學、社會學、文學和宗教等方面。原型更像是哲學中形而上的概念，因此欲理解原型，需要人們拋開已有的認知框架。雖然我們無法將原型固定在某個具體的心理活動中，但是我們在生活中卻可以隨時感受到原型的影響。

夢是原型送給我們的禮物

我們幾乎每晚都在做夢，而關於夢的說法也非常多，比如：白日夢、黃粱一夢、華胥之夢、日有所思夜有所夢……。一直以來，無論是哲學、神學和心理學都嘗試解讀「夢」與「現實和心靈」的關係。例如，莊子〈莊周夢蝶〉的哲思：「不知周之夢為蝴蝶與？蝴蝶之夢為周與？」；西方神學認為夢連接和傳遞了神的意志；心理學則相信夢代表了某種心理機制。在眾多心理學流派中，精神分析學派尤其關注於夢的意義，其中以佛洛伊德（Sigmund Freud）和榮格（Carl Gustav Jung）的論著最多。

西格蒙德．佛洛伊德，奧地利精神科醫生、精神分析學派（Psychoanalysis）創始人，他認為夢是潛意識中被壓抑之願望的滿足。人的心理是一個複雜的結構，而佛洛伊德將人的心理劃分成深層的「潛意識」（unconscious）、中層的「前意識」（preconscious）和表層的「意識」（conscious）。意識是我們在感知世界的過程中所注意到的心理活動，其中多半是符合社會規範和道德標準的觀念；潛意識則隱藏在內心深處，多半是沒有被意識到、被壓抑的本能衝動和欲望；前意識則介於意識和潛意識之間，是當下沒有被注意到，但經過提醒和回憶，可以從潛意識進入意識的部分心理活動。

佛洛伊德認為，我們每天會面對各種人和事，而大腦會幫助我們留意和記住目前對自己有用的資訊，並將其留在意識層面。至於那些不愉快、非理性、違反道德、非邏輯性的資訊，則會被壓抑到我們的潛意識中。然而，潛意識中的欲望也需要被滿足，但當這些欲望試圖進入意識層面時，會被意識的道德標準拒之門外。為此，被壓抑的欲望就會進行喬裝打扮，這樣就不容易被意識識別，例如：出現在我們的夢中；某些精神病患的症狀中；正常人出現的口誤、遺忘、拖延等行為中。以夢為例，佛洛伊德認為夢中重要的特殊意象符號，往往象徵著欲望，而透過分析師專業的解析就能瞭解做夢者近一段時間內潛意識的精神狀態，以及被壓抑的欲望和持續的困擾為何。

卡爾．榮格，瑞士心理學家，精神科醫生，曾經深受佛洛伊德的器重，但後來兩人在理論上出現了很大的分歧。一九一四年，榮格離開佛洛伊德，創立了分析心理學派。榮格延伸了佛洛伊德關於人類心理結構的劃分，他認為佛洛伊德論證的潛意識只是個體被壓抑的欲望，實際上在人類的種族發展過程中，還有世世代代的活動經驗存在於每個人的內心深處，即所謂的「集體潛意識」；所以人類的心理結構應該依次是「意識」、「個體潛意識」（personal unconscious）和「集體潛意識」（collective unconscious）。意識同樣是可以被我們知覺到的心理活動，個體潛意識相當於佛洛伊德提出的前意識，而集體潛意識則存在於人類內心的最深層次，完全無法被意識到，也是夢的根源。

榮格認為夢根本不需要偽裝，也沒有偽裝、歪曲或掩飾，它只是在自然而然地盡力表達。來自個體潛意識的夢屬於小夢，通常與個人的生活相關聯；來自集體潛意識的夢則屬於大夢，對自己和他人都有重要意義。然而我們多半無法理解夢所表達的意義，因為夢使用了「原型」和「原型意象」。

人類在進化和發展過程中經歷了很多事件，這些事件會在所有人類的心理層面上留下痕跡，尤其是當一個事件反覆出現時，這種痕跡就形成了原型。例如，農曆的八月十五，起初這是農作物陸續成熟的時節，而人們在結束勞作後，會透過祭祀祈求明年風調雨順。這個祭祀事件年年都有，且人人參與，人們的內心便逐漸留下了關於這一天的痕跡，並且隨著朝代更迭，以致關於這一天的傳說和意義不斷豐富。於是這個原型就逐漸形成，它代表了安定、期盼、團圓、收穫等，而呈現出的原型意象可能是月餅、嫦娥、桂花、月亮等。

當我們做夢的時候，潛意識作為夢的根源，會在夢中呈現出各種象徵原型的意象。榮格強調這些意象並不是偽裝，而是最直接的原型表達，只是我們無法認識潛意識、無法直接與原型對話，所以才會認為夢是雜亂無序的。

在不同的文化背景下，同一個原型意象所象徵的原型不同，所代表的意義也不同。比如，在東方文化中，「滿月」和「團圓美好」有關，但是在西方文化中，「滿月」則與邪惡力量有關。因此，如果讓兩種不同文化背景的人描繪一幅「月下的人」，一個可能描繪月下祭拜的少女，另一個可能畫出在月光下變身的狼人。因此在解讀不同人的夢境時，需要參考做夢者的年齡、宗教背景、文化背景等實際情況。根據榮格心理學的理論，在解讀夢境的時候，諮商師只是透過各種方法幫助做夢者找到其心靈深處繼承的原

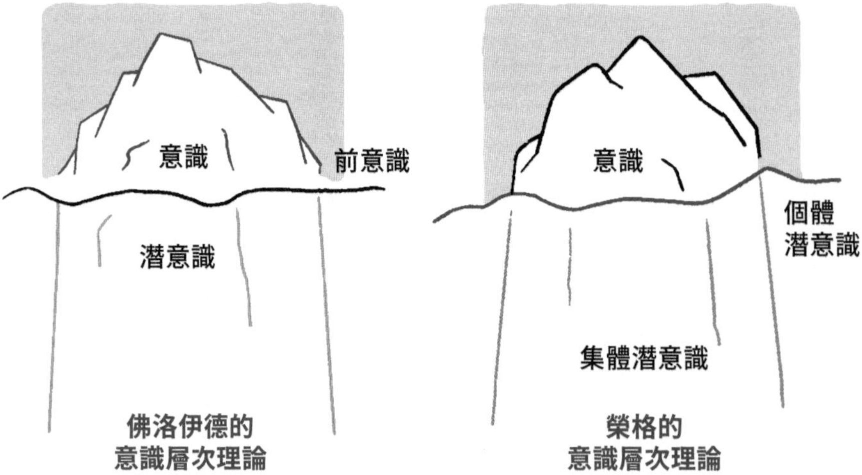

▲ 意識層次理論比較

型，以及原型的象徵性形象，所以，系列夢的解讀比單一夢的解讀更準確，也更有價值。

榮格相信，夢會帶給我們有意識或無意識的改變，換言之，夢其實是在調節和恢復心理平衡，補償意識心理的缺陷。根據原型的種類不同，夢的補償形式有很多種。例如，當一個人的人格發展不平衡，在現實生活中過於注重理性和勇敢，而壓抑其他人格，那麼夢境中就會補償性地出現一些膽怯、軟弱的人格。比如：平時強悍的人夢見自己是個膽小的孩子；固執偏激、喜歡辯論的人夢見自己參加的聚會現場變成牛圈……，這都是原型在提醒做夢者內心所壓抑或忽略的感受。一般來說，這些感受多半還沒有被做夢者的意識所察覺，但潛意識中的原型就已經開始補償了。

榮格曾經分析過一個八歲小女孩的系列夢境，夢中曾出現：上帝復活被兇惡怪物殺死的小動物的情境；小老鼠變成人；顯微鏡下的水滴中出現了大樹；小男孩向路人扔泥巴，而沾上泥巴的人也變成了壞人……，看到這些夢境，可能每個人都會有自己的感受，而這或許是因為我們各自連接了某些不同的原型。

榮格透過系列的分析，認為這些夢與死亡、復活、起源等原型有關。這些主題大多是成年人的思考內容，卻頻繁出現在小女孩的夢境中。為什麼？因為小女孩也在經歷生與死的命題，於是原型透過夢來回應小女孩。不久後，這個小女孩就因病去世了。

也許我們夢境中的畫面並不美好，甚至充滿了焦慮和驚恐，那只是因為我們還不夠瞭解自己，也不夠瞭解潛意識和原型。夢是原型送給我們的禮物，只要以開放、包容、好奇的心去理解和感受，就能獲得令人驚喜的成長。

神奇的巧合、超準的語言？都是原型在作怪

榮格曾經治療過一位女性患者，她雖然受過良好的教育，卻具有極端狹義的理性，屬於偏執型人格。她凡事都要求做到最好，但是卻做不到，因而也出現了心理問題。榮格認為，如果在治療過程中出現一些非理性的事件來打破患者的狹義理性，將會對患者產生幫助。

有一天，這名患者在講述一個夢境，夢中有人送給她一隻金色甲蟲形狀的珠寶。這時，榮格發現有一隻大的金龜子在猛烈地敲擊窗戶，於是榮格立即抓住這隻金龜子送給

患者：「這就是你夢中的那隻甲蟲。」患者當下驚訝不已，同時這件事也擊碎了患者的偏執，讓接下來的治療順利地持續下去。

這個情境當然是一個巧合，不過我們在生活中確實也都曾經遇到，比如正想到某個人，結果就接到了此人打來的電話。榮格當時常和好友愛因斯坦探討彼此的理論思考，榮格發現，巧合沒有辦法用心理學的線性因果理論解釋，反倒可以從物理學的空間和時間的相對性角度來理解。他認為，**當巧合發生的時候，並不存在外在的客觀因果，只是我們將兩件事情建立了聯繫，主觀地賦於某種「意義」，於是出現了巧合。**

其實，巧合事件一直在發生。就像你走在街上，擦身而過的人可能與你同年同月同日出生，但是在你沒有注意到這件事時，你並不會覺得不可思議，這只是一個陌生人。只有當你注意到它，你才會在自己和這個陌生人之間建立一種「意義」，你才會覺得真巧，你們倆真是「有緣」。

榮格認為，這個「意義」是超越時空的。榮格曾經治療過一位患者，他在治療過程中講述了一段關於太陽和風的話語。榮格在治療紀錄中記下了患者所說的這段話，幾年後，他在一本希臘文的宗教書籍中讀到了一樣的話語。他確信這位患者不懂希臘文，並且這本書的出版時間在患者接受治療的時間之後，所以他不可能看過這本書，也與這本書的作者之間沒有任何關聯。

除此之外，在更大的層面上也存在著一些巧合。例如，世界各地的神話傳說中都出現了一些相似的意象，比如在瑪雅文明、蘇美文明、兩河文明和古埃及文明中都有和洪水有關的傳說。榮格提出，這是人類共同的心理痕跡，是在進化和文化發展過程中的心理沉澱，而這就是集體潛意識。

意義的連接超越了個體潛意識，源自於內心中更深層的集體潛意識。所謂的「巧合」，其實就是集體潛意識中原型的另一種表達。我們每個人的心理都是相連的，但連接處是在我們無法意識到的集體潛意識層面。從這個角度來看，巧合其實是集體潛意識所引發的必然。

無論如何，原型的這種表達對我們的心理失衡有一定的「補救」功能。在篇首講述的金色甲蟲案例中，榮格當時也並不理解它所代表的意義，但是多年之後，榮格在走訪調查研究美洲和非洲的一些原始部落時，發現甲蟲在人類的圖騰崇拜中代表著「重生」。那位女性患者的原型作用於她的夢中，並進行表達，指引她在不知不覺中走向了

「重生」的補救。

就像這位女患者一樣，我們也許不知道每一個原型所表達的具體含義，但是原型的補救依舊會發生，而我們也因此獲得了成長。榮格在治療的過程中並不執著於解釋這些意義，他認為，有時候意義已經超越了語言邏輯，是無法言說的。但是榮格及其後的心理學研究者進一步探究原型的意義、階段發展結構、意象等，讓我們能進一步去理解原型，從而發掘更大的內心力量，喚醒祖先們留給我們的天賦。

原型與原型意象

「原型」這一詞彙在日常生活中經常被提及，但其內涵不一。為了理解榮格的原型，我們先梳理一下常見的幾種原型概念。

第一種原型，特指在藝術作品中為塑造人物形象所依據的現實生活中的人。例如，在二〇一七年播出的中國電視劇《人民的名義》中，眾多貪腐官員都源自於現實中被查處的違法、違紀人員；在二〇一六年上映的印度電影《我和我的冠軍女兒》（*Dangal*）

中，爸爸的原型是在家開設摔跤訓練館、成功培養四個女兒和一個侄女成為摔跤選手的瑪哈維亞（Mahavir）先生。

第二種原型（prototype），來源於認知心理學。相關研究發現，人們在認識事物的過程中，會先建立一個最具代表性的「典型形象」，然後將認知的新事物與之進行對比歸類，並形成一個一個範疇。研究者將這個典型形象稱為prototype，英文原意是「樣本」或「典型」，在中文翻譯方面，則多用「原型」一詞。例如，提到鳥類，我們會想到有羽毛和翅膀、會飛行、有喙之類的特徵，甚至更為直接地想到麻雀、燕子之類的鳥類形象。當我們看到一種不認識的相似動物時，就會透過對比這些特徵，來判斷其是否屬於鳥類；與鳥類的特徵越相似，我們就越能得出確切的結論。

第三種原型（archetype），來源於哲學領域。古希臘哲學家柏拉圖認為，世界是由「理念世界」和「現實世界」所組成。理念世界是永恆不變的真實的存在，是萬物的本源；現實世界則是人類的感官所感知到的世界，只是對理念世界的模仿，同時，藝術是對現實世界的模仿。柏拉圖的理念論影響了西方各領域的學者，古猶太的哲學家斐洛（Philo Judeaus）嘗試將宗教和柏拉圖哲學相結合，並第一次提出了「archetype」的概念。此後，越來越多的哲學家和神學家在論證自己的思想中使用了這個概念。archetype的英文原意是指「原始意象」或「反覆出現的象徵」，其中「arche」源於希臘文，意思是開始、太初、起源。關於archetype，先哲們一致認同這並不是指代具體的某個事物，而是指事物最初的起源，是事物背後的「模型」，是萬物的原始模型。榮格同樣受到柏拉圖理念論的啟發，他在思考佛洛伊德的潛意識理論時，發展並借用了「archetype」的概念來論述自己關於集體潛意識的理論。雖然集體潛意識是「個體始終意識不到的心理內容」，但是為了便於理解和分析，榮格嘗試將集體潛意識「具體化」，他認為集體潛意識的內容是由「全部本能」和「與它相聯繫的原型」所組成的。

原型是人類祖先遺傳下來、屬於所有人類的共同心理圖式。我們每個人都會繼承一些先天反應模式，例如，對野生動物的狩獵本能和恐懼本能，或許就來源於我們祖先茹毛飲血的生存經歷。**原型是一種記憶痕跡，也是一種領悟模式，更是一種先天傾向。**原型存在於每個人的潛意識深處，但是很難被意識察覺，只有依賴於後天經驗才能顯現；後天的體驗越多，原型顯現的機會就越多。原型不只有一種，榮格認為人生中有多少典型情境，就會有多少種原型，例如，男性所具有的女性特質的原型、有關意義與智慧的原型等。

榮格相信，潛意識才是智慧最深之本源。原型雖然屬於先輩的精神遺傳，卻可以與現實的人達到心靈相通。一旦遇到合適的後天環境和經驗，原型將引領藝術家的創作，甚至透過神話、宗教、哲學、科學等文化形式呈現。原型是豐富的，也是抽象的，無法被描述，也無法被觸摸，但我們可以透過夢境、神話傳說、習俗儀式、藝術創作等象徵來認識原型。

原型的形象化表述也稱作「原型意象」（archetypal images）。當潛意識的內容被意識察覺，原型會以意象的象徵形式呈現給意識，幫助我們理解原型，這就是原型意象。就像前文中出現的那隻「金色甲蟲」，它是一種原型意象，是原型中重生意義的象徵。當然，這只是一種簡單化的理解，原型的內涵相當豐富，原型意象也並不固定。

中國心理分析師申荷永教授曾經引用《道德經》的文字闡釋原型理論：「道之為物，惟恍惟惚。惚兮恍兮，其中有象；恍兮惚兮，其中有物。窈兮冥兮，其中有精；其精甚真，其中有信。」原型雖然不可被意識完全洞悉，卻時刻為「意識」和「自我」提供成長的能量。

第二章 個體潛意識與集體潛意識

意識、個體潛意識與集體潛意識是榮格對心靈結構的劃分。原型作為遺傳自祖先的經驗集結，存在於集體潛意識之中。除此之外，榮格也是在思考心靈結構的過程中，領悟了原型的存在。

然而原型無法直接被意識感知，我們只能感受到原型的存在和作用，例如：藝術創作時的靈光一閃、出現在夢中的光怪陸離、對巧合賦予意義等。欲理解原型對個體成長與發展的影響，離不開對心靈結構和潛意識的解讀。

如果把我們的內心看作海洋中的一座座海島，那麼，露出水面、風景各異的那些小島，就是我們的意識，包括情緒、知覺、思考方式等心理層面。

每個人的內心都是一座海島

意識，既能被我們自己所感知，其他人也能夠透過我們表面的言語和行為進行推測。隨著潮汐運動和海浪的翻湧，海島中被水面覆蓋的部分土地會顯露出來，這部分就是「個體潛意識」。

雖然個體潛意識由於種種原因被壓抑或忽視（在水面之下），但是當個體潛意識顯露出來，很快就能被意識所接納，如同每座海島都有自身應對自然和人為浪湧的方式。自海島潛入水下，直到海島的最底層，會呈現一片廣袤的海床，在海水的最深處連接著每一座海島，而這片海床就是集體潛意識。

我們一直在修飾和調整海島之上的風景，努力將自己的島上風光與其他的海島保持一致的風格；就像在生活中，我們遵循所處的社會環境對幸福、成功、美好的定義，努力合群，改掉自身的缺點，甚至為了遵照他人的評價和觀點而壓抑自己的某些感受、誇大某些行為。然而，這樣的自我修整所帶來的並不全是正面的體驗，有時候，一些不可控的風浪會將海島水平面下已被侵蝕的土地給暴露出來，破壞海島的風景。

因此，人們逐漸發現，海島是否能夠良好地存續，不能只靠修整海島之上的風景，還需要瞭解和維護水面之下的那一部分，因此，越來越多的心理學家開始探討隱藏在水面之下的祕密。

如果完全忽視水面下的侵蝕和海床的運動，海島之上的風景將隨時陷入未知風險中。如果我們能夠瞭解和掌握水面下的一些規律，海島上將會呈現出充滿魅力、令人感到幸福和平靜的景色。換言之，**人類意識的海島是一個整體，無法分割。**

目前人類的科技對海底的瞭解其實甚少，僅能觀察到最深的海溝中生存著某種魚類和蝦類，海底就像月球表面一樣荒蕪。

浩瀚的海底與集體潛意識不僅在意象上相似，被人類所探索的程度也是相似的，都充滿未知的奧祕和無限的吸引力。目前人們對「心理海床」的瞭解集中在分析心理學派，所得到的實證也相當有限，心理海床中所蘊含的巨大力量還在等待著我們去分析和思索。順帶一提，「心理海床」與「現實海床」之間的種種相似與聯繫，也是一種有趣的「巧合」。

充滿情緒色彩的個體潛意識

榮格將人類的心靈結構由淺入深，依次劃分為意識、個體潛意識、集體潛意識。當一個人與社會環境發生互動時，會表現出穩定且獨特的行為、思想模式和情緒反應，心理學將此稱為「人格」（personality）。榮格認為，意識對應著一個人的首要人格特質，而個體潛意識則對應一個人的次要人格特質。

我們在日常的工作和生活中，可能固執、可能理性、可能圓滑、可能活力無限、可能憂慮……，我們的首要人格特質在不同的情境中雖然表現程度不同，但不會輕易改變，並且長期主導和控制著我們的行為。它和意識一樣，不論是我們自己，還是他人，都很容易觀察到它的存在，就像是海島上最直觀的風景。

不過除此之外，我們還有一些不太重要的特質，往往只有在特殊的情境中才會表現出來，而這些就是我們的次要人格特質。它就像個體潛意識一樣，不容易被我們覺察到，而且只會在特定的情況下影響我們的行為。

根據榮格的理論，個體潛意識是潛意識的表層，充滿了曾經意識到但被遺忘、被壓抑的個體經驗，這些經驗組成一組一組具有情緒色彩的心理觀念——情結（complex）。情結，是個體潛意識的主要內容，心理學家常常使用神話傳說中的人物為其命名。

兄弟姐妹之間的對抗意識和嫉妒心，同時也延伸至同事之間競爭的「該隱情結」；放大對方的痛苦和需要，產生強烈地說明對方的使命感和超出常理範圍的同情，而被拒絕後會有強烈情緒反應的「彌賽亞情結」（救世主情結）；對不同性別的父親或母親產生占有欲，而對相同性別的父親或母親產生嫉妒、害怕等複雜情感，並影響到其他生活面向的「伊底帕斯情結」（戀母情節）和「厄勒克特拉情結」（戀父情節）……，如果我們去閱讀相關的傳說和故事，便能更深刻地體會每種情結的複雜內涵，如此，當我們表現出這樣的情結時，也就能更加理解自己。

情結是被壓抑、帶有情緒的記憶，其表現出我們可能特別鍾情某種天氣、畏懼某種情境、嚮往某種特質。每當情結被啟動時，我們會產生強烈的情緒反應；如果我們沒有經過系統專業的學習，往往很難理清事情的真相，察覺其中的緣由。

在你的身邊一定有這樣的人：為人特別熱情，很關注別人的需求，總是不遺餘力地主動提供幫助。哪怕對方已經明確表示並不需要，他仍總是想著幫助對方，甚至不停地尋找對方可能存在的煩惱和難處。他認為自己很無私，對所有人都做出了很大的犧牲，如果對方不領情，他甚至會情緒崩潰、失控。一開始和他來往時，你會感到無微不至的關懷，但是時間久了，不論是對於提供幫助的他，還是被幫助的你，你們倆可能都會陷入不被理解的痛苦中；而這就是彌賽亞情結的影響——太想在關係中彰顯自己的價值、期待被認可，但這並不是健康的人際關係模式。

以下表格中有幾個詞語，請逐一讀出來，並寫下讀到這個詞時你所聯想到的內容。有沒有哪個詞讓你停頓了一下，或寫不出相應的聯想詞，或是聯想到的只是這個詞的外語翻譯，或是聯想到一句話而不是一個詞？如果出現了這些反應，那麼這其中便可能隱藏了你的情結。

▼ 字詞聯想範例

呈現詞	聯想詞	呈現詞	聯想詞
頭部		家	
白色		笨蛋	
獎金		新娘	

說明：完整的字詞聯想測驗需要在專業人士的指導下進行，此表僅爲方便讀者理解所呈現的範例。

榮格將字詞聯想測驗用於診斷精神病患者的病因。他發現，如果這些「呈現詞」與測驗者心中不愉快的事物有所聯繫，那麼他的反應時間就會延長，接著再進一步分析這些詞彙就會發現其中隱藏的情結。

很多心理學研究者透過字詞聯想測驗，來探索人們潛意識中被壓抑的資訊。日本心理學者河合隼雄曾經在心理學課堂上進行過一個實驗，他選擇三名學生扮演小偷，但只有其中一個人真的執行「偷竊」行為，然後讓三名學生進行字詞聯想測驗，結果其他學生很快就找到了三人之中「偷錢」的人。

就像被水面覆蓋的部分海島，其布滿了被海水侵蝕和衝擊的痕跡一樣，個體潛意識中的情結通常與早年的創傷經歷有關。當情結暴露的時候，就像引爆了情緒地雷，這時意識會失去對個體的掌控，並促使個體做出不理性的行為，比如：對某個同事極端的妒忌、不擇手段的競爭、明明有能力成功卻總是退縮、過度迷戀擁有某種特質的人等。

個體潛意識中的情結，並不意味著心理問題，只是預示自我中存在著尚未被整合且會引起糾葛的部分。分析心理學家相信，當我們在生活中遇到困境時，如果能夠進行自我審視，就會發現其中存在某些情結。誠如克服困難需要面對困難，同樣地，自我的成長也需要面對情結、整合情結。

即時連接所有人類的集體潛意識

一九五〇年，日本研究者在一座無人小島對猴群進行觀察實驗。這是一群不到二十隻猴子的猴群，研究者每天餵食一些蕃薯給牠們，而猴子們會拍掉蕃薯上的泥沙再吃。一九五三年的一天，一個蕃薯掉到了島上的小溪裡，被一隻一歲半的小猴子撿了起來，牠發現用溪水洗過的蕃薯很好吃，之後便開始用溪水清洗後才吃，牠還把這個方法教給了關係親近的猴子。

一九五七年，這個猴群的數量超過了二十隻，其中有十五隻猴子都用溪水清洗蕃薯。有一天，這條小溪的水乾涸了，猴子們便開始使用海水清洗蕃薯，可能海水清洗後的蕃薯口感更好，因此即便後來溪水恢復了，猴子們也依舊使用海水清洗。

研究者發現，猴群中沒有學會這個方法的都是十二歲以上的成年公猴，牠們從不清洗蕃薯。慢慢地，猴群逐漸繁衍，猴子的數量超過了一百隻。當第一百隻猴子學會使用海水清洗蕃薯的時候，似乎一夜之間，包括那些成年公猴在內的所有猴子都學會了清洗蕃薯。

研究者還發現，在旁邊的小島生活的猴子也開始用海水清洗蕃薯，可是這兩座小島之間隔著兩百公里的海洋，不可能有猴子在兩座小島之間往返，換言之，猴群之間不可能存在任何交流，但是另一座小島上的猴子確實學會了這個方法。

英國某生物學家認為，當一個群體中某種行為的數目達到一定的臨界值（約以一百為界），該行為就會超越時空的限制，從而散布到其他地區的群體中；這種效應不僅在猴群中會發生，在人群中也會發生。

一個由英國和澳洲研究者所組成的研究小組，在幾年後做了類似的實驗。研究者準備了一張圖片，圖片中隱藏了近百張人臉，需要仔細分辨才能看出來。首先，研究者在澳洲隨機選擇了一百位受試者去辨認圖片，而受試者辨認出的人臉數量大多是六到十張。與此同時，研究者在兩萬公里之外的英國ＢＢＣ電視臺展示了這張圖片，並詳細標注了每張臉的位置。在展示結束的幾分鐘之後，澳洲的研究者又隨機選擇了一百位新的受試者來辨認圖片，結果新的受試者能看到的圖片中隱藏的人臉數量遠遠超過十張。

可見，在人群還沒有意識到的時候，某種更深層次的聯繫已經發揮了作用。或許身邊的小孩子總是能快速掌握電子產品的操作方法，除了他們正處於學習和探索的黃金階段之外，他們的意識深處或許與成人之間還存在著某些微妙的連接吧！而這樣的連接，並不是什麼神學的玄幻，其實就是榮格所提出的「集體潛意識」。

榮格認為，世界上活著的和逝去的所有人之間都是即時相連的，而連接的方式就是透過心理結構的最深層，也就是集體潛意識。不論什麼樣的成長背景、多大的年齡，幾乎所有人類都會做類似的夢，例如：被追逐或從高空墜落。在各種古代文明和神話傳說中，也都有相似的元素，例如：災難性的大洪水、吞雲吐霧的神龍、人首獸身的神怪形象。

集體潛意識是沉澱在每個人心底的共同本能。集體潛意識並不是集體的潛意識，而依舊是個體的潛意識，只是它存在於每個人意識結構的最深層。集體潛意識來源於人類的記憶演化過程，是我們透過遺傳所獲得的，且基本上是永恆不變的。集體潛意識隱藏在我們的內心深處，所以無法被直接感知到，但可以透過一定的方法被喚醒。

榮格的集體潛意識理論，是在佛洛伊德的潛意識理論的基礎上所發展而來。榮格並不認同佛洛伊德將人們的行為解釋為個體的生物本能，他認為，人們並不能透過推演自己過去的經歷來解決心理困擾，而是還需要思考人類歷史層面的集體象徵意義。因此，榮格一直在關注潛意識對我們成長的建設性作用。

心理學相信，每個人都有自我成長和自我療癒的可能，而這個可能或許就存在於我們的集體潛意識中。要使我們的心靈海島活力無限，除了島上的景致需要規劃，海浪侵蝕的部分也需要維護，而作為根基的海床更是需要特別用心來鞏固。

第三章　原型之於成長的意義

「人生中有多少典型情境，就有多少原型。」原型能調節心靈，使之歸於平衡。榮格不僅使用原型理論分析患者致病的緣由，同時也透過原型指導一般人趨於人格完善和自我實現。我們每個人都具有極大的內心力量，可是我們並不知曉，因為這些力量一直沉睡在集體潛意識之中。

儘管心理學家將人的心理劃分成「意識」與「潛意識」，但這兩者之間並非涇渭分明。榮格認為，潛意識的內容一旦被察覺，就會以意象的象徵形式呈現給意識。另外，兩者之間也會透過補償形式不斷地相互作用。就像第一章提到的夢，夢是原型的表達，也是原型的補償——失意的人會夢到成功、不敢表白的人會夢到兩情相悅。因此，喚醒原型，不僅能療癒個體的心理疾病，更重要的是能促使個體完善人格，實現自我成長。

榮格人格理論中的經典原型

榮格認為，原型的數量幾乎是無限的，不過他著重描述的是以下五種原型：人格面具（persona）、陰影（shadow）、阿尼瑪（anima）、阿尼瑪斯（animus）和自性（self）。

人格面具

榮格將人格比喻成面具。我們在公共場合會表現出不同的形象，也就是戴上不同的面具，因此，我們的人格面具不只一個，而人格是所有面具的總和。在人生的不同階段我們也會戴上不同的人格面具，甚至會在同一時間一起戴上很多面具。比如，在職場中會戴上「擅於溝通協作」、「包容」、「自立」的面具；在父母面前會戴上「懶惰」、「任性」的面具；在伴侶面前會戴上「有責任感」、「專一」、「浪漫」的面具。

作為原型，人格面具在人群中相當普遍，也具有重要的適應意義。我們都需要表現出良好的社會形象來建立人際關係，以得到他人的認可，所以，榮格特別指出，人格面具並不是病態或虛假的，只有當一個人過分地認同自己的面具、分不清情境和物件時才會產生危險。例如：違反交通規則的成人戴著兒童的面具，在面對警察的處罰時哭鬧；不能靈活地在工作和生活情境之間跳轉，把工作角色帶到生活中，總是以職業角色自居，在家人面前依舊一副老闆的樣子。

陰影

如果說人格面具是我們期待呈現給外界的理想特質，那麼陰影就是被社會文化所壓抑和排斥的本能衝動，是我們最隱祕、最邪惡的特質。榮格認為，陰影雖然是一個人最不願意成為的，也是最想要隱藏的部分，但陰影仍屬於個體的一部分，且其中蘊含著巨大的能量，所以**唯有面對陰影，才能完成人格的整合。**當陰影處於被個體忽略和排斥的狀態時，它往往會極具破壞性；只有接納陰影，才有機會將其轉化成有價值的力量。因此，陰影雖然代表了野性和混亂，但也最容易迸發出靈感、創造力和本能的活力。

人們總是傾向於展示、裝扮自己的人格面具，而想方設法地隱藏陰影。事實上，越是偽裝美好的人格面具，陰影的破壞性就越強，甚至進一步導致心理問題。所以，我們要接納人格的各個層面，在適當的時刻展示合適的面具，並將陰影的能量轉化為正向的活力，以發揮原型的成長力量。

阿尼瑪和阿尼瑪斯

阿尼瑪是指男性潛意識中的女性意象，而阿尼瑪斯則是指女性潛意識中的男性意象。當阿尼瑪高度聚集時，男性會表現出女性的特徵，比如：善妒、虛榮、憂鬱。反之，當阿尼瑪斯高度聚集時，女性則會表現出男性的特徵，比如：熱衷權力、攻擊性。

每個人的心理都是兩種性別的混合體，我們都需要調控內心深處的異性特質，以便和異性相處的更為融洽。長久以來的原型遺傳讓異性之間相互瞭解，也相互吸引，同時相互補償。儘管榮格認為阿尼瑪與阿尼瑪斯之間是對立的，但這兩種原型在潛意識中勾勒了我們心中的理想異性。在愛上一個人的時候，我們會有一種失而復得的感覺，因為對方身上印證了自己不具備的某些美好特質。

榮格認為，男性的阿尼瑪從幼稚到成熟會經歷四個階段：夏娃（Eva）—海倫（Helen）—瑪利亞（Maria）—索菲亞（Sophia），這四位是歐洲神話中的經典女性角色。夏娃源自聖經，象徵著男性的母親情結；海倫是古希臘傳說中的絕世美女，象徵著浪漫和純粹的戀愛；瑪利亞也源自聖經，代表了精神上的吸引；索菲亞象徵智慧層面的吸引。女性的阿尼瑪斯也會經歷四個階段：海克力斯（Hercules）－亞歷山大（Alexander）－阿波羅（Apollo）－荷米斯（Hermes）。海克力斯是希臘神話中的大力神；亞歷山大是古代著名的君主；阿波羅是古希臘神話中的光明與預言之神；荷米斯是十二主神之一，代表實用的世俗智慧。這四種形象代表了女性的心理成長階段。

不論是男性的阿尼瑪原型，還是女性的阿尼瑪斯原型，它們都是無意識化的人格表現，也就是：人們難以察覺它們的存在，但是往往會在夢中出現它們的痕跡。

自性

在所有原型中，有一種原型蘊含了圓滿、完整、統一的內涵，榮格將其命名為「自性」。榮格認為自性是所有原型的核心，是每個人內在發展的終極目標。也正是因為這種內在的完整性，原型可以不斷發揮其補償和調節的作用。榮格描述自性完整的人格狀態，是將意識與潛意識、人格面具與陰影、阿尼瑪與阿尼瑪斯等所有矛盾部分統一起來。宗教中的神佛，例如，耶穌和釋迦牟尼，他們所達到的人格境界就是自性的精神境界。在追求自性統一的過程中，人們所做的一切努力就是「自性化」或「自我實現」。

人們通常在提到自我的時候，只停留在意識層面，因為自我（ego）是意識的中心，是每個人都能夠察覺到的心理狀態。自我像是一個篩檢程式，只有被自我接受的資訊才會儲存在意識中，並形成不同的人格。由於每個人的過濾方式不同，所以自我也不盡相同，進而使我們對待這個世界的方式也有所不同。

例如，有的人習慣過濾掉對自己不利的評價，忽略周圍的批評和指責，如此才不會因此而難過沮喪；有的人則習慣過濾對自己的正面評價，即使外在對自己的評價大部分都是表揚，他們也無法跳過一小部分的批評，總是產生不合理的自我評價。因此，自我具有一種局限性，那些被過濾掉的、儲存進潛意識層面的訊息無法為自我成長提供更多的幫助，除非自我能主動地去學習和拓展認知的邊界。

榮格強調，自我只是意識的核心，並不是全部心靈或全部人格的核心。在心靈結構中占據大部分空間的是自我無法意識到的潛意識，而自性才是整個心靈的核心。自性原型具有組織和秩序化的作用，是一種原始的完整感，因此每個人都具有讓自己更加和諧完整的本能和潛能；也就是說，自性指引著我們走向圓滿心靈和健全人格。

卡蘿博士的十二種人格原型

榮格的分析心理學理論被後來的研究者加以運用和延伸，主要應用在心理治療、管理、行銷、個人成長等領域。

卡蘿．皮爾森（Carol S. Pearson）博士，美國原型心理學家，重新梳理和定義了每個人的人格原型，她將個體的內心劃分成十二個具有不同功能和特點的面向，而每種面向都對應了一種原型。這十二種原型分別是：天真者、孤兒、英雄、照顧者、探險家、愛人者、反抗者、創造者、小丑、智者、魔術師和統治者。以下分別簡述十二種原型：

- **天真者**：代表信念和希望；總是很樂觀，信任一切權威，渴望被接納，害怕在團隊中犯錯、被拋棄，甚至會為了獲得團隊的認可而否認事實。
- **孤兒**：悲觀，認為世界充滿著不公平、背叛和忽視；通常個體的孤兒原型是被隱藏起來的，表面上看起來偏沉默、可靠、普通。
- **英雄**：擁有清晰的奮鬥目標和價值標準，能夠保護自我的界限不被他人冒犯。
- **照顧者**：慈悲且慷慨，同時具備父親角色的威嚴有力和母親角色的慈愛溫和；需要有自己的界限，避免做出喪失自我的犧牲或是透過照顧來控制他人。

- **探險家**：代表探索內在自我的本能；不斷朝向未來追尋改變，但是未來的終點並不是那麼明晰，追尋和探索的動力可能會變成漫無目的的沉溺。
- **愛人者**：源自生的本能；一種與愛戀有關的原型，也代表著個體與世界的連接。
- **反抗者**：源自死亡與毀滅的本能；沒有人能夠避免死亡，也無法避免自我毀滅的行為，只有正確認知死，才會真正理解生，進而邁向蛻變與重生。
- **創造者**：代表想像力，促使個體開創自己的生命；世界造就了人類，人類也在創造這個世界，這是人類的能動性、使命感和責任感的源動力。
- **小丑**：幫助個體及時行樂，活在當下；即使身處困境和絕望中也依舊滿懷希望。
- **智者**：使命是尋找與自我和世界有關的真理、瞭解世界，但並不試圖改變世界。
- **魔術師**：賦予個體神奇的能力；在統整內在世界秩序的同時，又能影響外在的環境，既可以帶來療癒，也會造成某些傷害。
- **統治者**：統治個體的內在精神世界、找到充分表達內在的最佳模式，讓個體自在地享受真實的財富和物質生活、自信從容地探索生命目標，為自己的生命負責。

成為原本的自己

需要特別注意的是，卡蘿博士的十二種人格原型，並不是將人們分成了十二種類型。她認為，每個人的潛意識中都蘊含了這十二種原型，只是每個人的成長經歷和認知水準不同，為此每種原型所處的階段不同，進而能發揮出來的力量也不相同；甚至，有些原型所展現的是積極的天賦，有些原型所展現的則是消極的陰影與沉溺行為。

當我們陷入原型的陰影時會感到迷茫和痛苦，但如果能察覺到這是哪一種原型的陰影，並透過自我去表達其積極的一面，就能度過人生的危機。因此，我們會覺得某個時刻的自己與某一種原型的特徵十分相符，除此之外，自己所陷入的某些困境與原型的未完全發展也有著密切的關聯。

在個人成長和自我探索的過程中，原型不會完全按照一定的順序出現或發揮作用，其出現順序完全取決於我們的選擇。另外，每一種原型不會只出現一次，在新的人生階段、當某個原型再次出現時，它將會比上一次呈現出更高層次的狀態。此時的自我對生命會有更進一步的理解，並展現出更多符合原型特點的智慧和特質。卡蘿博士認為在每次的成長歷程中，每種原型都會反覆出現，且每次出現都會給自我帶來更深刻的收穫。

每個人都有能力發掘自己生命的意義和目標，而深入瞭解十二種原型，能幫助我們進一步肯定自我，重新獲得旺盛的生命力，實現自性化。在之後的篇章中，我們會詳述這十二種原型的特質，以認清當前的生命中是哪一種原型在運作或發展。畢竟，每種原型在每個人的潛意識中所運作的方式不同，其所呈現出來的自我也不盡相同。

在生命歷程中，我們都在努力成為更好的自己，羨慕他人的優秀特質，但是，原型理論告訴我們，其實那些優秀特質是所有人共同具備的特質，只是我們還沒有連接到潛意識的能量，還沒有找到方法發揮出內在的天賦潛能。

事實上，我們追求的快樂，並不需要依賴於他人的給予；我們渴望的愛，也並不需要寄望於他人的饋贈。真正能夠讓自我獲得滿足的方法，就是追尋真正的內在自我，喚醒原型，連接原本就存在於我們內心深處的力量。換言之，其實並不存在「更好的自己」，我們要做的是努力「成為原本的自己」。

PART 2

內在天賦與外在優勢

根據心理學的研究實證，人格的形成離不開先天的遺傳和後天的教養環境。其中，原型決定了來自遺傳的內在天賦，以及與生俱來的模樣；成長與教養環境則造就了我們呈現出來的外在優勢。內在天賦和外在優勢就像是兩個方向的風，共同爲人格塑形。

想要更好地適應我們的生存空間，將自我價值發揮至最大化、實現自性化，不但需要瞭解激發內在天賦潛能的方法，還需要清楚地知道教養環境如何發揮作用。

第四章　主導原型決定了你原本的模樣

每個人出生的時候，在心靈深處都遺傳了來自祖先的全部原型。每種原型都有著自身獨特的內涵，能為生命帶來特別的力量，而這股力量就是自我在不斷成長和探索過程中的能量來源。當自我不斷突破意識的邊界、自我的廣度和深度不斷地拓展，就可以越來越接近和喚醒原型，並獲得隨之而來的天賦，激發出更多的潛能。

周哈里窗

「我是誰？」這是很多學科，尤其是心理學一直以來探討的問題。這個問題的答案包含了一個人所擁有的身體、特質、能力、知識、家庭關係、工作、物質財產、人際關係等。一八九〇年，美國心理學家威廉・詹姆斯（William James）用「自我」涵蓋了這個問題和它的答案。自此，心理學家們從各個角度討論著自我，希望幫助人們更全面地認識自我、提升自我，最終達到自我實現的新高度。

對於自我的評價，往往會出現一種有意思的情況：**我們對自己的描述，和他人對我們的描述並不完全一致，甚至會出現完全不同的情況。**我們往往認為自己思想獨立、有原則，但是父母對我們的評價卻是做事衝動、不穩重，伴侶對我們的評價則是容易感情用事、遇事愛糾結。

正是由於對自我的認知不同，當我們做出一個關於創業、健身、準備考試等方面的決定時，周圍人的反應往往也是不同的；有的十分贊同，有的一直唱衰，有的認為我們只是一時衝動。那麼，誰的判斷是準確的，誰的評價才是真正的自我呢？

二十世紀五〇年代，美國心理學家喬瑟夫・魯夫特（Joseph Luft）和哈利・英格漢（Harry Ingram）梳理並總結了這種自我認知現象。他們認為，一個人的自我其實包含了四種心理區域，即：公開區、盲目區、隱密區和未知區，也可以稱為「開放我」、「盲目我」、「隱藏我」和「未知我」。

「開放我」是指自己瞭解並願意展示給他人的自我部分，也就是我們知道、他人也知道的內容，包括年齡、外貌、職業、喜好等公開訊息。「盲目我」是指自己並不瞭解但他人瞭解的自我部分，例如：習慣性的肢體動作、說話時的發音、口頭禪等我們不曾注意到的資訊，因從事某種工作而在生活中表現出的職業習慣，與當前年齡不相符的某些行為等。通常都要等到其他人告訴我們之後，自己才會發現這一部分的自我。

「隱藏我」是指自己知道但並不願意與他人分享的自我部分，例如，比較私密的喜好。當然，祕密並非都是不好的事情，只是不便或不必告訴他人的資訊。「未知我」是指自己不瞭解、他人也不清楚的內容，包括我們的潛能、靈感、天賦等。通常只有在特定的情境下、經過不斷探索，這部分的自我才會表現出來。

喬瑟夫和哈利以窗戶式的圖形，表現了這四種自我認知的類型，因此這個理論被稱為「周哈里窗」（Johari Window），而這個周哈里窗回答了前文的疑問：當我們做出一個決定時，周圍的人會因為看到的是自我的不同區域，因而呈現出不同的態度。

喬瑟夫和哈利認為，一般情況下人們總是展示開放我、隱蔽隱藏我、忽視盲目我和未知我。表現在外在行為上，就是刻意展示自己所認為的優點，回避缺點，然而如此一來，反而是走向自我認知的誤區。

其實，要獲得更好的自我認知，我們要盡可能呈現開放我，正視自己的優點和缺點，擴大公開區；同時盡可能地減少盲目區，藉由反省和理性溝通來填補盲目我；適當保留隱密區，給隱藏我留出一個可以承受的空間；不斷拓展未知區，透過學習和科學的自我分析，瞭解和掌握自我的真正潛能。

▲周哈里窗的 4 個心理區域

原型的恩賜和詛咒

榮格與後來的分析心理學家們總結出了眾多的原型，而每種原型代表了不同的內涵與力量。**眾多原型之間沒有優劣好壞的區別，每種原型都有自己的特質、天賦的恩賜和陰影的詛咒。**在自我探索的過程中，每一種原型發揮的力量都一樣重要。

但是榮格認為，每一種原型內部都存在對立面，即：同一種原型帶來的體驗可能指向兩種極端。以父親原型為例，積極的一面指向「強壯、支援、能提供幫助」的意象，消極的一面則指向「暴虐、統治」的意象。不論是指向哪一種極端，都將會導致個體無法與權威相處，或是感到自卑，或是暴露在傷害中，無法體驗到一個真正完整的「父親意象」。

在卡蘿博士所總結的十二原型中，也存在著「天賦恩賜」與「陰影詛咒」的對立面。當某一原型被壓抑或忽視時，其陰影的力量就會變強，甚至會給個體帶來自我的混亂。與此相對，原型的天賦恩賜，則是原型的潛能力量，屬於自我的未知領域，它代表的是一種潛在的可能性。

法國哲學家笛卡爾（René Descartes）在十七世紀的時候提出「天賦觀念」此一哲學理念。他認為，人類的知識和觀念有一部分是天賦、與生俱來的，原本就存在於人類的思考模式中。也就是說，人類在出生的時候，大腦中就已經被「植入」了一些具有普遍性和必然性的公理、原則，而人類的成長過程就是以此為基礎進行的邏輯演繹。

人類原型是透過遺傳所獲得，因此每個人的集體潛意識中都存在眾多相同的原型，但是，原型帶給每個人的體驗並不相同，且同時指向積極和消極兩個方向。因此，原型的「天賦潛能」與「天賦觀念」不盡相同。

榮格也反對將「原型」與「天賦觀念」等同看待。雖然從內容上來看，兩者確實存在共通點，但是原型所具有的天賦並不是早就存在於個體的內心深處，等待著被發現，而是代表了一種可能性。隨著成長經歷的豐富和自我覺察能力的變化，原型的天賦可能完全顯現，也可能完全不顯現。因此，原型的恩賜只是一種潛能，是自我可能到達的程度。以下，為卡蘿博士所總結的十二種人格原型的恩賜：

- **天真者**：信念堅定、樂觀、對人忠實、信任世界，願意坦誠地展示自己，開放我比較多。

- **孤兒**：富有同理心，可以理解他人的困境和感受，願意與人相互扶持，瞭解現實與世故，偏好實用主義。
- **英雄**：充滿勇氣，競爭力強大，重視原則和紀律，懂得練習和訓練的重要性。
- **照顧者**：富有同情心、慈悲、慷慨、樂於分享。
- **探險家**：獨立自主、目標感強烈、有理想、有雄心壯志，對外界充滿好奇心，瞭解自己想要什麼，忠於自己的欲望。
- **愛人者**：對他人充滿熱情，能夠欣賞他人的優點和美好之處，願意為對方奉獻一切，追求愛的體驗，敢於承諾。
- **反抗者**：對自由有著格外的嚮往、謙遜、不狂妄、接受和積極面對一切的失去。
- **創造者**：具有創造力、想像力和特殊的才能。
- **小丑**：自在，不論處於什麼樣的環境，都能看到事物有趣的一面，自得其樂。
- **智者**：聰明、有領悟力、理性、順其自然不執著。
- **魔術師**：擁有療癒他人和自癒的能力，善於發現獨特的視角，高效解決問題，擅長自我學習。

・統治者：擅長控制，既具有影響他人的領導力，也具有控制自己的責任感。

原型存在於每個人的潛意識中，但是原型的恩賜所帶來的積極面向，則需要我們自己去喚醒。好消息是，這是每個人都有機會獲得的潛能，但壞消息是，喚醒原型的積極面向需要經歷長時間的學習，而學習困難可能與某個未喚醒的原型有關。

不過，心理成長的目標，並不是成為更好的自己，而是成為原本與生俱來的自己。我們不需要喚醒全部的原型，每個人都有自己的主導原型——我們要發現適合自己的原型、探索占據主導地位的原型，而不是追隨其他人所鼓吹的原型。只要找到自己的主導原型，瞭解其特性和需要學習的功課，就能喚醒屬於自己的內在力量。

如何判斷自己目前的主導原型？

我們的潛意識中存在著全部的原型，但是這些原型並不是同時運作的。在人生某個階段，只有一種或幾種主導原型在發揮作用。

當前的主導原型決定了我們如何應對自己的生活，比如，當主導原型是天真者時，即使深陷困境，我們也能很快地恢復樂觀；當主導原型是英雄時，我們會有克服困難的勇氣，並且能理性地列出可用的資源，制訂計畫，應對困境；當主導原型是照顧者時，我們會及時給予自己鼓勵；如果困境無法克服，最終失敗了，那麼在智者原型的主導下，我們也會及時總結經驗，變得更有智慧。

為了更加理解和識別原型，卡蘿博士和她的同事研發設計了原型探索測驗量表。量表中包含了七十二道題目，測試者需要根據自己的情況，針對每一道題目如實地進行選擇，並盡可能根據第一反應快速作答，不可跳過任何題目。為了便於理解每種原型，以及方便計分，本書將原型探索量表拆分為十二個測量表。具體的測驗內容可以翻閱至第七章至第十八章的章末。

根據一定的心理學理論，使用一定的操作定義，按照一定的法則，為人的行為和心理屬性確定一種量化價值的過程，稱作「心理測量」。但是人的心理屬性與事物的物理屬性不同，它並不是直觀可見的。顏色、重量、長度、速度等都是可以直接觀測的物理屬性，與此相對，情緒、注意力、創造力、人格、原型等，則是無法直接觀測的心理屬性，只能透過外在的行為間接衡量出來。例如，情緒出現的時候會伴隨生理反應，透過測量呼吸、心率、體溫等可以評估情緒的強烈程度；透過統計完成答案的數量、獨特性和思考時間，可以評估個體的創造力。

測量可以由研究者進行，也可以由測試者自行進行。卡蘿博士所設計的原型探索測驗量表就是一種由測試者自己進行的量表，測試者只需要誠實地回答題目即可。

為了便於記錄，心理測量的結果用數字表示，但是這裡的數字和平時使用的數字存在很大差別。在原型探索測驗量表中，每種原型的分數只代表程度的多少，比如，天真者原型的分數是二十分，統治者原型的分數是十分，只能表明個體當前與天真者原型的相配程度較高，但不能說明個體與天真者原型的符合程度是統治者原型的兩倍，也不能將兩個不同測試者的分數進行比較，區分誰更加典型。所以，不必在意你的測驗分數與同學、朋友、伴侶的分數差異很大，這並沒有任何意義，只要統計自己的主導原型（分數超過十五分的原型）即可。**主導原型展示了此刻的我們如何看待自己和這個世界，唯有承認和接納當前的自己，才有機會透過原型發展內在的力量。**反之，否定和拒絕當前的自己，只會壓抑原型，使我們自己陷入更大的心理危機中。

第五章　與天賦同行？與環境同行？

在生活中，有的人將一切成功都歸因於先天的遺傳天賦，所以透過各種方式尋求更好的基因；有的人則將一切收穫都寄託於後天的教養環境和成長環境，因此致力於爭取更好的教育資源和更好的人文物理環境。然而，這導致我們有時候也會面臨與天賦同行，抑或是與環境同行的抉擇。

人格的遺傳天賦

人類的心理十分神奇，它既缺少實體，同時又擁有實體，比如，我們無法說清楚注意力在哪裡，但是卻可以透過集中精神時活躍的大腦區域及外在的行為表現，來證明當前的種種就是注意力在發揮作用；這是因為人的心理活動是大腦活動的產物。因此，每種心理活動的表現都取決於大腦的發育情況。換言之，人類的心理狀態，與生理狀況密不可分。

人類的生理狀況取決於遺傳基因。基因來源於父母，孩子能精準且穩定地複製父母的遺傳物質。也就是說，在受精卵形成的那一刻起，就已經決定了這個生命未來會擁有怎樣的身體機能，比如：眼睛大小、身體的健全程度、罹患某種疾病的機率等。

基因對於生理發展的影響是直接的，而對心理發展的影響卻是間接的，也就是：它並不能直接支配行為。比如，只存在影響免疫力強弱的基因，卻不存在影響是否合群的「內向基因」或「外向基因」。換言之，基因直接決定一個人的相貌、身高、體質，而這個人可能因為對自己的身體狀態感到害羞而不願意和人接觸，做出回避社交的行為，進而發展出內向的人格特質。

由此可見，基因對於心理發展的影響是透過生理機能所造成的作用。我們不能透過檢測基因來判斷一個人對世界的態度和感受，但是可以透過社會文化對某種生理機能的態度，來推測這個人可能會面臨的心理壓力。

在十九世紀六〇年代末，英國心理學家、人類學家高爾頓（Francis Galton）提出了「遺傳決定論」（Hereditarianism）。他認為，人類的智力水準、性格、道德的差異都是由遺傳決定，而這樣的觀點大大影響了當時的教育界，甚至政治界，不過現代科學研究已經證實了遺傳決定論的極端和弊端。

其實人類的心理並不是由基因所決定，基因只是在人格形成的過程中參與了重要的作用。決定論是一個哲學概念，它認為世間的每件事，不論物質層面或意識層面，都是由「因果關係」所支配，也就是所謂的「事出必有因」。為此，如果事先掌握與這件事有關的所有因素，就可以精準地預測這件事是否會發生。

比如，只要控制影響人格發展的因素，就可以預測這個人會有怎樣的個性特徵及行為。但實際上，基因只是與個性相關的因素之一，其他像是家庭結構、教育程度、社交狀況、民族文化、社會主流方向等因素，也都會影響個體的成長及其對世界的態度。所以，人格的遺傳決定論是不準確的——「遺傳重要論」相對來說才更合適。

我們經常因為邏輯上的模糊和偷懶，簡單地把事情歸因到一個結論。例如，有研究發現，一對同卵雙胞胎就算從小被分開撫養，且期間一直沒有相互聯繫，長大之後兩人相見時也會發現，他們有著相同的喜好、養著同一種寵物。這時，人們很容易忽略掉其他變數（例如：個案數量、同齡人的喜好情況），從而得出基因更強大的結論。但是，人類的心理如此複雜，任何一個看似簡單的心理現象都是由諸多因素所影響的，遺傳只是為個體定格了一個發展的輪廓，在這個輪廓裡，我們有很多條不同的成長路徑。

比如，我們遺傳了發出聲音和學習語言的能力，但其中，有的人能夠很快掌握兩種，甚至更多種語言，而有的人卻連學習一種語言都十分困難。這是因為基因只構成了個體的生理基礎，而能否把握住語言發展的關鍵期、學習語言的動力水準、學習過程中被鼓勵還是被批評等因素，都會影響個體對語言的掌握情況。

人格的教養環境

我們出生後慢慢長大、學會走路、自由地去探索和瞭解周圍的世界，我們和後天環境的連接會越來越緊密，如此一來，環境對人格的影響也會越來越大。儘管基因具有穩定性，但是進一步的研究證明，即使個體的某些特徵基本由遺傳決定，卻也會同時受到環境的影響。比如，研究證實身高在很大程度上是由遺傳基因所決定，但如果個體長期營養不良，或者經常進行專業的運動訓練，那麼身高也會受到一定程度的影響。其實，**後天環境對心理的影響遠比人們所想像的還要大。**

於是，也有一群心理學家更關注環境的力量。例如：家庭結構的影響，是獨生子女還是多子女家庭；養育者的影響，是與親生父母還是隔代老人長期生活；家庭教養方式的影響，父母是專制型、放任型還是民主型；社會文化的影響，男生需要剛強，女生需要柔弱等。

事實上，許多研究也確實證明了環境的力量。但需要注意的是，這些研究並沒有明確得出結論，亦即：某種教養環境一定能夠培養或預測某種人格特質，也不能簡單概括出哪種教養環境最好。心理學家們只是得到這樣的研究結論：對於人格發展來說，成長在同一個家庭中的兄弟姐妹所擁有的獨特經驗，比在家庭中的共同經驗更重要。另外，偶然發生的事件對人格發展的影響力更大。

在考察人格的教養環境時，人們也會陷入遺傳決定論的另一個極端——環境決定論。十九世紀末期，美國行為主義心理學家華生（John Watson）曾說過這樣一句引人深思的話：「給我一打健康的嬰兒，一個由我支配的特殊環境，讓我在這個環境裡養育他們，我可以保證，任意選擇一個，不論他們父母的才幹、傾向、喜好如何，他們父母的職業及種族如何，我都可以按照我的意願把他們訓練成為任何一種人物——醫生、律師、藝術家、大商人，甚至乞丐或強盜。」

這個觀點，在今日看來既狂妄又經不起考驗，不過確實影響了美國當時的教育理念。即使時至今日，很多家長也在「不知不覺」中實踐了這個觀點。他們認為，自己為孩子安排的成長計畫、設定的成長環境、做出的成長選擇，可以讓孩子成長為自己所期待的那個樣子。

除此之外，環境決定論的另一個代表是佛洛伊德，他強調的是家庭環境中父母的教養方式。這位精神科醫生根據大量的臨床治療資料，發現成年人的心理疾病都可以追溯至童年期與父母有關的經歷。但是過去無法改變，很多希望透過佛洛伊德的理論得到療癒的人，也會因此陷入更深的無力感和抱怨中。

為此，榮格認為，佛洛伊德的結論是片面的。榮格認為個人成長過程中所經歷的、具有特殊意義的事件和影響，其實是情結，它存在於個體潛意識中。而人的內心深處還有一個集體潛意識，集體潛意識中存在著發揮巨大作用、來自遺傳的原型。原型影響著人格的形成，同時也是人格健全的源動力。

總的來說，環境固然對人類的心理，尤其是人格發展有重要的作用，但若只看到人格的教養環境，而忽視其他因素，只會作繭自縛，把自己困在過去的「因」裡。畢竟所有的影響因素，都不能百分之百地掌控人格發展。人類是如此神奇，在百萬年的進化之路上，我們一直都可以找到成為原有自己的方式和途徑。

人格的方向

一九五七年，英國生物學家沃丁頓（C. H. Waddington）曾經用一個很形象化的類比，描述了遺傳與環境之間的關係。他認為，人類的發展就像是在一片風景地貌裡滾動的小球——風景地貌代表基因，而讓小球滾動的動力就是後天環境。

風景地貌並不是一馬平川，而是有著山丘、深谷，這些坡度就是不同的遺傳基因所發展出來的生理特徵。環境的力量加諸於小球上時，小球向前滾動，但這個力能否幫助小球順利翻越山丘，或是折返到另一個方向，或是滯留在山谷中，一切都是未知的；然而也是因為未知，賦予了人格發展的各種可能性。隨著年齡的增長，以及對自我的全面瞭解，小球的路徑和最終位置會越來越清晰，但是這個小球會一直受到風景地貌的輪廓和作用力的共同影響。

儘管遺傳與教養之爭，或者說天賦與環境之爭由來已久，但越來越多的事實證明，我們就像這個小球一樣，會同時受到兩種因素的共同作用，亦即：兩者之間並非對立，也不存在誰的力更大的問題。**每個人都是獨特的個體，每個人都有自己的成長方向。**

很多社會調查經常報導某個特定的環境對孩子的成長造成不良影響，例如：單親家庭、隔代教養、物質匱乏的家庭等。但實際上，很多結論其實都經不起驗證，因為它們忽視了遺傳基因的作用。一個焦慮的家長並不一定養育出焦慮的孩子；在暴力中成長的孩子不一定就成為暴徒；在同一家庭中成長的兄弟姐妹的個性發展也是完全不同的。總之，個體的生理基礎會部分消解環境的影響。

另外，即使我們的某些特質大部分是由遺傳所決定，但我們並非「被動地」面對外在的環境，而是會透過主動創造與之相配的合適條件來積極應對。例如，對於性格內向、不善交際的人來說，他們並不一定非要強迫自己變成一個活潑外向的人，而是可以培養符合自己特質的特長和喜好，比如發揮自己的畫畫或音樂天賦，這樣他們就可以避免需要人際交往的生活方式、回避讓自己不舒服的環境，盡可能地同時讓先天的遺傳優勢和後天的環境條件相符。

也就是說，遺傳和環境總是交互作用的——先天的遺傳給予我們成長的可能性，後天的環境則帶來不同的學習任務，這樣的學習和探索能增強小球受到的力。我們可能無法準確預測自己將會走向哪一個目的地，但透過調整受到的力，我們會盡可能觀察到將要經過的路徑。而這個過程能幫助我們避免陷入低谷、自怨自艾，或是遭受不斷滑下陡坡的挫敗。人類的心理奇妙且複雜，一切的人格發展方向都是有可能的。

第六章　建構符合自我價值的「新容器」

生命對於每個人來說都只有一次，不論你正在經歷什麼樣的人生，都期待能體現自己的價值、實現個人價值的最大化。

關於價值，馬克思主義認為，一個人的價值包括了「社會價值」和「自我價值」兩個層面。其中，社會價值是一個人為社會或他人做出的貢獻和承擔的責任，而自我價值則是對自我發展和成長需要的滿足。

一個人唯有在發展出完善的自我，才能為他人和社會做出貢獻；一個人只有真正地愛自己，人格獨立，才能夠愛他人。就像《禮記．大學》中提到的：「身修而後家齊，家齊而後國治，國治而後天下平。」追尋生命的價值和意義是我們終其一生的課題，而欲實現這一課題的重要前提就是，透過「內在的探索」實現自我成長，使人格達到自性化的統一，這也是榮格提出的每個人內在發展的終極目標。

自性化

自性化是榮格在論述人格發展時所提出的概念。人們經常使用「自我」表達對自己的認知，比如：「自我價值感」代表一個人的自尊水準；「自我效能感」代表一個人的自信程度；「自我滿足感」代表 一個人的幸福感受。

但是**榮格發現，自我只是意識的中心，無法表達潛意識的部分，於是榮格提出了「自性」，它是整個心靈的核心**。我們可以想像人類的心理是一個球體，球體表面有一個圓形代表意識，意識的中心點就是自我，而球體的中心點是自性，意識與球體的連接處遍布著許多情結（可參見左頁圖所示，引自河合隼雄的《情結》）。自性不僅位於心靈的核心處，同時一直發揮整合作用，統一整個心理狀態。

自性是榮格原型理論中最重要的原型。自性原型可以促使其他原型的秩序化，其所代表的內涵是「完整」。人們尋找更加真實的自我，追求人格的獨立和健全，其根本的源動力就是自性原型。因此，當自性的力量被壓抑時，自我就會陷入認定未來失敗透頂、毫無希望等固化認知中，這時個體就會出現心理問題或精神疾病。

榮格認為，各種精神疾病的症狀，是當事人在潛意識深處想要獲得更完整人格的外部表現。所以，榮格主張心理治療的基本目標不是針對症狀，而是發展人格，幫助當事人擺脫囿於外部世界，不能回歸

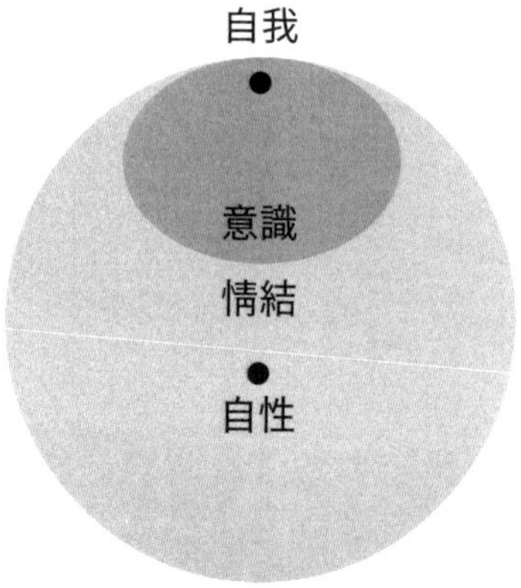

▲ 自我與自性的關係

並重建精神世界的處境；榮格把這個過程稱為「自性化」，自性化就是自性實現的過程。自性是一個人全部的潛能，自性整合了心理的對立面：善與惡，神性與人性。不被察覺的自性就像是一股沒有固定方向的決定性力量，但個體可以透過意識的覺察而做出選擇，將自性引向某個方向：沉溺於陰影中，或是平衡陰影的膨脹；控制欲望，或是順從欲望。至於具體會做出什麼樣的選擇，依舊取決於我們自己——自性化是一個主動的自我突破的過程。

自性並沒有確切的具體形象，但是我們都能感覺到內心深處有一個更加完整、層級更高的「我」。結合卡蘿博士的十二原型理論，每一種原型都在幫助我們重新認知和定義自我的價值，追求更加健全的人格，補償意識自我的局限性。

自性化是一個人真正成為自己的過程，在這個過程中，人們不是變得更加「以自我為中心」，也不是擁有了更強的「自我意識」，而是表達出特定、存在於集體潛意識中的「本來的我」。**榮格認為，一個人正確的自我成長的目標是獲得完整，而不是追求完美。**整合心理層面許許多多的碎片是一個不可能完成的任務，所以自性化是一個永無終結的過程——我們一直在完善自我，一直在自性化的進程中。

自性化的途徑

雖然完成榮格所形容的自性化是一種理想狀態，但是自性原型的力量一直鼓勵人格的發展，而且很多的成長與改變在我們尚未意識到的時候就已經開始了。自性化任重而道遠，而以下這幾種途徑能幫助我們朝向自性化，進而更好地實現個人價值。

首先，接納自我。每個人都同時擁有著自己的陰暗面和積極面，每個人都有無法啟齒的錯處和遭遇，也有忍不住想去炫耀的光榮時刻。但是我們總是盡可能地展示那些積極、絢麗、陽光的自我，同時想辦法隱藏、躲避、不承認那些失敗的自我。因為人們相信，在接受一些負面的事情時，這些事情會以各種意想不到的方式壓倒我們。然而實際上並非如此，唯有面對真實，才能知道當下的自我處於什麼樣的階段。

榮格曾說：「只有從我們所在的地方才能前進。」只有面對真實的自己，我們才能朝遠處的目標前進。接納自我的意思，是承認所有與自我有關的事實，而這與我們對每件事情的態度無關。承認在人際交往中受到挫敗，這就是自我接納，至於分析其中的原因則是與態度立場有關的部分。我們有時不能接納自我，就是因為跳過了事實這一部分，把重點只放在態度立場是否正確上。然而事實沒有對或錯的分別，事實就是事情本來的樣子。

接納他人對自己的傷害，是自我變得成熟且堅強的前提；接納自己的失敗，我們才能與自己和解；接納與自己觀點不同的人，才能獲得從未接觸過的新知識。只有披荊斬棘，我們才能走出一條平坦的路，因此，接納自我是獲得自性化的第一步。

其次，正心誠意，明心見性。榮格的理論受到道教、佛教、《易經》的影響很大，所以，榮格其關於自性的論述，經常與中國的傳統文化產生共鳴。中國分析心理學家申荷永教授在總結自性化的途徑時，借用了「正心誠意，明心見性」的理念。「正心誠意」出自《禮記．大學》中的「欲正其心者，先誠其意」，含義是心地端正且誠懇；「明心見性」出自佛教經典，代表摒棄世俗的一切，徹悟本性。完成自性化的第二種途徑，要求我們秉持真誠的信念，保持專注。

最後，不斷地學習和豐富人生的經歷。雖然每個人的集體潛意識中遺傳了來自祖先的所有資訊，但是這些資訊處於塵封的狀態。因此，無論我們處於怎樣的人生階段，唯有掌握和理解關於原型、自性化、人格、自我價值等一系列的知識，才有辦法將潛意識的內容意識化，進而化解許多疑惑。

換言之，那些來自潛意識層面的衝突所帶來的心理問題、疑惑、困擾和症狀，只有在被意識捕捉到的時候，才能得以消解。而當我們進一步觀察原型，理解其具備的能量時，我們就已經走在自性化的路上。這個意識化的過程，可以透過學習的方式直接覺察，也可以透過各種人生經歷去感悟。卡蘿博士曾在書中提到：「人生體驗越多，獲得來自原型的感悟也會越顯著。」

重新發現屬於自己的神話

過去的我們一直生活在束縛中，這些束縛有來自父母的期望、有來自社會的刻板印象、有來自家庭的責任，也有來自自我的不合理信念，**我們就像在一個規則的容器中，度過自己的一生。**

雖然現代社會的發展和資訊更迭，為我們弱化了很多外部的限制，使我們開始理解事情的真相、開始接納自我，但是新的問題和擔憂又出現了，所以，我們需要選擇和創造一個便於自性實現的「新容器」。所幸好消息是，心理學者們給出了一些指引。

美國心理學家馬庫斯（Hazel Markus）和紐瑞爾斯（Paula Nurius）在一九八六年提出，人們將未來的自我形象分成三個部分：理想自我、預期自我和恐懼自我。

馬庫斯和紐瑞爾斯認為，「理想自我」是個體希望自己能夠做到並努力實現的自我形象，比如，希望自己在理想的城市中從事最熱愛的工作、最受朋友的喜愛、成為成功的創業者、被追捧的藝術家，以及對生命有獨到理解的人。一方面，理想自我會給我們帶來動力，但另一方面，我們也會因為沒有實現理想自我而感受到壓力。理想自我不需要和所有人保持一致，換言之每個人的理想自我並不相同。

現實中，理想和希望並不一定會實現，根據現在的自己所具備的資源和能力、根據自己的個性和韌性、根據家人的支持和支援程度，我們可能走向一個不同的自我，一個人「事實上」最大機率會成為的樣子，而馬庫斯和紐瑞爾斯稱之為「預期自我」。預期自我可能會讓我們感到滿意，也可能讓我們抱怨。有些時候，我們可以透過努力來改變預期自我，但有些時候，我們只能順其自然地接受預期自我的出現。

還有一種未來的自我形象是人們害怕成為的樣子，馬庫斯和紐瑞爾斯稱之為「恐懼自我」，例如：瀕臨死亡的我、失去愛人的我、破產的我。然而恐懼自我並不都是因為意外或懈怠所造成的，有時，儘管我們具有某些機緣和天賦，並且願意付出時間和汗水，但是依然阻擋不了我們走向某個狀態。就像是人們對真正的悲劇的形容：所有的事情都是合邏輯的，所有人都是正常的，甚至是善良的，但事情仍然無可挽回地緩緩滑向潰敗。

各位可以嘗試填寫次頁的表格，就會發現「理想自我」和「預期自我」之間，以及「預期自我」和「恐懼自我」之間會產生交叉。例如，在職業身分的部分，理想自我是升職成為主管；結合目前的績效情況、人際關係、資歷、單位近期的人事安排等，預期自我可能有幾種情況：升職主管或職位不變或被辭退；而對應的恐懼自我是被辭退。當理想自我和預期自我的交集更多，人們就會對未來充滿希望；當預期自我和恐懼自我的交集更多，人們會更加理性地規劃人生，而這兩個部分將影響「新容器」的構建。

每個人都有屬於自己的理想，也都有創造神話的可能。這個神話並不是虛無的，它本來就存在於我們內心中。當我們全面且深刻地認知自我、整合內在的原型力量，就能在自性化的過程中重新發現屬於自己的神話。

▶ 三種未來的自我示意圖

	理想自我	預期自我	恐懼自我
職業身分			
家庭生活			
人際關係			
經濟收入			
身體狀態			
興趣喜好			

原型的意義是豐富每個個體的生命。我們在最普通的生活中表現原型的力量，也透過特定的方式喚醒原型。每一種原型都會漸漸融入自我，我們的目標並不是彌補弱勢原型，而是發展主導原型，認清目前原型的運作方式和規律。心理學相信，我們當前對環境的每種反應都是正常的，只是我們還沒有真正地理解這些反應，因此產生了不合理的認知，甚至阻礙了個人價值的最大化。

PART 3

十二原型與內在力量

十二原型是每個人潛藏在自我中的不同人格側面，由美國原型心理學家卡蘿博士對每種原型進行命名和論述。十二原型的名稱在現實生活中十分常見，但由於每個人的知識和生活背景不同，所以對某些原型帶有明顯的價值傾向。其實每一種原型都有不同的優勢、目標、陰影、沉溺行爲，對自我探索和成長都一樣重要。

十二原型並不是將我們分成了十二種類型，而是同時存在於每個人的集體潛意識中，只是它們的覺醒程度各異。在閱讀過程中可能會發現每種原型都可以對應某個成長階段的自己，亦即：在特定的時間裡，某種原型主導了我們的行爲。認清哪種原型在主導我們的人生，就能看清自己如何認知這個世界，以及用何種方式表達自我，也就能理解自己爲何會深陷某些痛苦中，最終目的，是找尋到新的方式來獲得愛與幸福。

本篇的每章中都節選了卡蘿博士的原型測驗量表（原量表請參見*Awakening the Heroes Within: Twelve Archetypes to Help Us Find Ourselves and Transform Our World*, 1991），得分最高的原型就是目前的主導原型。在瞭解本篇內容之前，也可以先翻至每章末尾的量表分別進行測驗，或者從自己感興趣的某個原型開始閱讀。畢竟在我們每個成長階段之中，每種原型都可能會隨時出現。

第七章 天真者

the innocent，英文原意是指天真無邪的人、幼稚的人、（犯罪或戰爭中）無辜的受害者。在中文裡，天真的意思有兩種：心地純真、性情直率；頭腦簡單、容易上當或被假象所迷惑。在中國古代的詩文中，天真也指不受舊禮習俗約束的品性，如《莊子》中有「禮者，世俗之所為也；真者，所以受於天也，自然不可易也。故聖人法天貴真，不拘於俗。」天真，有時候也表示事物本來的面目，南宋文學家楊萬里的詩中是這樣描述的：「萬頃湖光一片春，何須割破損天真。」

對於天真者原型的解讀，我們可以結合英文和中文的釋義。天真者原型代表著相信一切，單純、善良、喜歡簡單、自然，是徹底的樂天派，也是理想化的烏托邦主義者。他們固執地堅守自己想像中的美好世界，是純真無邪的人、浪漫主義者，也是夢想家。

天真者原型對自我探索的幫助

「自我」又可稱作「自我意識」，是一個人關於自身存在的認知。自我既讓我們知道「我是誰」，也幫助我們區分「我不是誰」。自我不斷試探著我們對環境的影響力，也在協調著環境對我們的作用力。自我的成長依託於原型，因此卡蘿博士特別著重於論述十二原型對自我探索的意義。

我們生存在這個世界上，都期待著周圍的環境是相對安全的。天真者原型認為世界是美好的，也真的存在烏托邦，嚮往天堂般的美好之境，渴望自由自在的生活，所以天真者原型鼓勵人們相信外在環境，並學習必要的生活技巧，以適應所處的環境。

即使是面對不可能完成的任務和完全束手無措的絕境，天真者依舊保持著希望和樂觀，因為在天真者原型的信念中，世界是美好的，它不會虧待任何人。於是，天真者期待被這樣的世界接納，期待被世界上的人喜愛和讚美。

在這種原型的驅動下，個體會以這個世界中所公認、被大多數人接受的角色為目標，為自己編織出一個符合社會期待的人格面具，所以當天真者原型發揮主導力量時，個體會展現出許多積極正向的特質，例如：純潔、誠實、和平、樂觀、忠誠、簡單等。然而當天真者原型所處的環境充滿暴戾和欺騙時，他們的潛意識也只會讓自我迎合當下的社會期待，變得頹廢、殘暴。因為天真者原型的目標是維持所處環境的安全感，其最畏懼的是被環境拋棄，被他人批評做錯了，以及不符合當下環境對自己的期待。

天真者原型對環境的信賴程度，高於對自己的信任；他們相信世界，同時相信世界上的一切權威，不論權威是否站在自己的立場上，也不論在他人眼中權威是否是值得信任的人。因此，當父母不公平地提出批評或指責時、當教師採取不合理的教育方式時、當規則執行者做出出格的事情時，他們首先會反思自己，從自己的身上尋找原因，並認同他人對自己的負面評價。

也就是說，如果環境對某件事有明顯的立場或認定某個人是錯的，他們也會跟隨其觀點。因為天真者原型期望自己和世界上的所有人都高興，並相信只要遵循世界的規則，就可以自在地生存下去。

天真者原型具有鼓勵自己和他人的力量。由於無條件地信任環境，以致不論他們身處什麼樣的困境，都堅信能找到解決的途徑，因此：天真者是堅強的，不會屈服於挫折；天真者也是樂觀的，總會看到事情的積極面；天真者更是堅定的，會為了心中的理想毫不動搖，堅持到底。

天真者原型總會指引自我看到烏雲背後隱藏的太陽金光，這樣的積極與快樂特質也會感染其他人。美國跨國媒體集團迪士尼就是典型的天真者原型的意象化代表之一，迪士尼拍攝了很多溫馨美好的童話故事和動畫片，塑造的角色都很善良、天真、忠誠、勇敢。迪士尼樂園的人偶也完全由真人扮演，為大家營造了一個童話世界。每個走進迪士尼樂園的兒童和成人，不論其主導原型是什麼，他們都會感受到美好、備受鼓舞。迪士尼享譽全球，正是因為它喚醒了每個人潛意識中的天真者原型。卡蘿博士說曾說，天真者原型是所有原型中最無害的一個。

然而，天真者原型缺乏真正的獨立。表面上看來天真者積極工作，為人和善，身邊的人很願意為他們提供支援和幫助，但是這樣的幫助是一種照顧——一種對小孩子的照顧。因為天真者在潛意識中將環境中的他人和自己代入了「母親與孩子」的角色，所以他們會在無意識中展現自己的依賴和脆弱，以激起他人的照顧意願。此時的天真者原型處於發展的第一階段，雖然看上去是享受的，但本質上卻是未成長、不負責任的。不過，這也是天真者原型發展的契機，當他們失去環境的照顧，體驗到失望，經歷「沉淪狀態」——幻滅、失望、失落，並重新找回對生活的信心時，天真者原型就會進入到第二個階段。

關於發展階段，我們將在後文關於「原型的喚醒」中進一步詳細說明。

天真者原型的陰影與沉溺

每個人都會體驗原型的陰影。儘管天真者原型展現出許多積極正向的人格特質，但是世界的真相並不完全與天真者的判斷一致。為了保護自己對世界的完全信任之心，天真者原型會否認、拒絕、壓抑和逃避現實，並展現出行為和心理層面的危機。

天真者原型的第一個陰影是「拒絕」，比如：拒絕失望、拒絕相信權威對自己的背叛、拒絕事實和真相，所以天真者有時會排斥有關犯罪的社會陰暗面新聞，拒絕深刻探討關於人性的文藝作品，不喜歡看絕望的災難片。這時的天真者會用各種修飾性的理由拒絕，例如：「畫面過於殘忍」、「作者立場有些偏頗」、「我的共感力會太強，以致無法平復感受」……。

天真者原型的第二個陰影是「拒絕相信父母、師長或愛人不愛自己，所以會為這些人的行為尋找各種藉口」；他們會更容易因為父母催促自己結婚而焦慮，會因為老闆不合理的加班要求而疲於奔命，也會因為社會流行的「白、瘦、美」的審美標準而不斷地苛責自己。

當你在抱怨自己所感受到的壓力和掙扎時，可能總會和朋友或諮詢師強調：其實父母是愛你的、老闆是器重你的、他的心裡是有你的……，然而，就像美國電影《他其實沒那麼喜歡你》（*He's Just Not That Into You*）中的臺詞：「親愛的，你知道那個男孩為什麼那麼做，為什麼這麼說你嗎？因為他喜歡你——就是這句，是我們一切煩惱的開端。這是多麼鼓舞人心啊……，不，是蠱惑人心，為什麼我們老是這麼說？是因為一語道破真相對我們來說太慘無人道，而真相卻如此顯而易見——其實他沒那麼喜歡你。」

天真者原型的陰影不僅表現為拒絕有關他人的事實，還表現為「不能面對自己的錯誤」、「不願意為自己的問題負責」。天真者原型認為，符合美好世界的規則是對的，違反規則的是錯的，他們也會認為遵守規則的人是完美的，不遵守規則的人是不完美的。當個體沒有遵守規則時，天真者原型的正向特質會引導個體尋求成長，並及時調整自我，但是天真者原型的陰影則會引導個體想盡辦法否定、遮掩責任，甚至轉嫁給別人，如此一來，他們就可以不用面對自己的不完美，也不用為此感到焦慮或另做努力——只要錯誤都是別人的，他們就不用做出改變。

天真者原型的陰影還會表現為「盲目自信」、「甘願忍受被騙的風險，也會不顧一切地去冒險」。陰影並不總是呈現為生命層面的大危機，也會展現在日常的行為細節中。例如，在玩夾娃娃機的時候，你有沒有因為一次、兩次、三次的失敗嘗試後，突然莫名地執著起來？即使你知道自己的技術有限，也要不斷嘗試，直到花光所有的遊戲幣？或許這時候，只有嘗試接受失望，接受無法改變的事實，才能減少心理上的焦慮和損失。

卡蘿博士認為，被天真者原型的陰影所支配的人往往是焦慮的，他們處於既想要相信世界，卻又無法完全相信世界的糾結中。

當某一原型的正面表現越少，人們就越有可能表現出更多的強迫性沉溺行為，也就是不良嗜好。這些不良嗜好可能是我們想改變卻總是改不掉的，因為我們要改變的不是行為層面的控制力，而是潛意識層面的拒絕面對。

天真者原型的沉溺行為還會表現為「過度消費」和「迷戀甜食」。你是否曾經在分手之後大買特買，瘋狂下單之前猶豫很久、超出預算的東西？你是否在遇到難題的時候，首先想到的是美味的甜品，認為吃完之後就天下太平了？不妨回想一下，當時的自己是不是在拒絕某些真相呢？

天真者原型的代表人物

岳飛，字鵬舉，中國南宋時期抗金名將、書法家、民族英雄。

岳飛出身農家，天生神力，自幼讀兵書、拜師習武，成年後參軍從戎。當時的南宋屢遭金國入侵，並且一直潰敗、割地、納貢、求和，百姓慘遭殺戮和奴役。岳飛心中憤慨，參加義軍招募，憑藉自己的驍勇和戰功，得到義軍重用。隨後的十五年中，岳飛一直與金人抗戰，收復失地，安撫百姓，整頓軍隊，他所率領的岳家軍更是成為金軍的最大阻力。

岳飛的故事可謂家喻戶曉，岳飛的母親為了堅定岳飛從戎報國的信念，在他的背上刺下「精忠報國」四個字，這更是成為岳飛一生的使命和寫照。然而岳飛在朱仙鎮與金國大將對壘之時，卻被宋高宗的十二道金牌召回，導致河南失守。他被解除官職，奸臣更是以「莫須有」的罪名將其陷害入獄。最終，岳飛含恨被殺，在歷史中留下了一段千古奇冤。

岳飛的身上有著很明顯的天真者原型。身為武將，忠君報國是岳飛一直以來的信仰。即使朝廷軟弱無能，甚至當時的宋高宗並不能完全信任岳飛，也站在主和的立場，岳飛依舊四次北伐，立下「直搗黃龍」的豪言壯志，並多次進言上表。岳飛與宋高宗和朝臣們多年的周旋，他未必看不清其中的種種算計，但是天真者原型的驅力讓岳飛相信這個國家和制度，相信精忠報國是所有人的祈願，相信事情可以按照本該有的樣子進行——失地收復、百姓安居。歷史中有這樣一個細節，當岳飛受刑時，後背露出了「精忠報國」四個大字，主審官看到亦無法繼續，而讀到這段歷史的我們也更加為之動容。

岳飛的結局受制於當時的歷史背景和統治者的能力，我們以現在的認知和觀點再去評價，可能會有更多新的感悟和思考，特別是從自我成長的視角來看，可以看到原型的強大力量。希望天真者在信賴環境的同時，也能增加獨立判斷的能力。

如何喚醒天真者原型？

當一個人還是嬰兒的時候，他就開始感受和覺察這個世界。很多人以為嬰兒是茫然無知的，身體和心理都處於被動、需要被關注和照顧的階段，但事實上，嬰兒天生具有使用感情訊號進行監測的能力——嬰兒會根據自己的啼哭和微笑，來判斷成人對自己的關注程度。在饑餓寒冷的時候，嬰兒會哭泣，如果成人能及時安撫自己，嬰兒就會滿足地微笑，成人也會回以親吻。

這時的嬰兒根據成人回應的及時程度、提供的營養、表現出的情緒，在心理上逐漸建立起一個初步的「自我輪廓」：我是值得被愛的或不值得被愛的，周圍的環境是可以信任的或者不可以信任的。卡蘿博士認為，**一個人對世界是否充滿信任，源自童年時期是否被充分地照顧，並得到期待的關愛，而這種滿足其實就是天真者原型被喚醒，並開始發揮作用。**

我們在人生的不同階段會有不同的成長目標，有些目標的實現可能需要兩個完全對立的原型共同作用；只有將兩種原型整合起來，我們才能順利度過這個成長階段。與童年期的生命課題相配的原型是「天真者原型」和「孤兒原型」，這兩種原型的共同任務是建立安全感。當天真者原型占主導的時候，我們可能會過於樂觀而無法察覺環境中的潛在威脅；當孤兒原型占主導的時候，我們雖然會覺察到危險，但是缺乏信任和樂觀。只有將兩種原型進行整合，並化解兩者之間的矛盾，我們的生命才會更加充實。我將在

第八章孤兒原型中詳細論述化解方法。

雖然天真者原型在童年期就會被喚醒，但是它並不是童年期的專屬。在整個人生階段，每個原型都有機會被喚醒並發揮作用。喚醒天真者原型的方式是心理上的獻祭——失去。在很多古老的傳說和神話中，人們會透過獻祭「童男童女」、「純淨的寶石」等方式換取神靈的賞賜，即：要獲得心靈上的成長，就需要犧牲一些純真、天真的意象。

例如，中國電視劇《士兵突擊》不僅講述了一個士兵的成長故事，也講述了一個人的成長過程。士兵許三多經歷了種種選拔和訓練，成為一名特種兵，但是他在第一次執行任務並擊斃毒販之後，才真正明白士兵的意義，成為一名真正的戰士，他說：「二十三歲時，我失去了天真，經歷了死亡，再沒有天真。」

天真者原型的發展會經歷三個階段。第一個階段的天真者無條件地相信，世界就像自己所認為的那樣美好，他完全信賴這個世界上的每個人。漸漸地，當天真者不得不面對這個世界的灰色地帶，發現並不是所有人都值得信賴、體驗到幻滅和失望之後，天真者就會失去一部分的天真想法，也會理解壞人放下屠刀可以立地成佛，好人做了壞事不一定萬劫不復，內心的安全感不是來自世界沒有陰暗，而是看到和接納內心有善也有惡，有強也有弱。

此時，第二個階段的天真者原型出現，他們在經歷不幸的時候，依舊保持對世界和自己的信心。幻滅與失落不會只有一次，如果他們每一次都能重新體驗天真者原型的樂觀和信賴，那將會達到天真者原型的第三個階段：睿智的天真者。此時的天真者對世界的信賴和對安全的判斷，不再受到限制，也不再懼怕失去，不會逃避和否定。

心理的獻祭是痛苦的，天真者原型的不斷完善也伴隨著痛苦，但唯有經歷更多的失去，內心的世界才會變得寬廣。也就是說，犧牲內心純粹無邪的信念，才能因此獲得更高的心靈智慧。

天真者是你目前的主導原型嗎？

❶ 我覺得很安全。
A 從來沒有 B 很少 C 有時 D 時常 E 總是

❷ 我相信，人們不會故意傷害彼此。
A 從來沒有 B 很少 C 有時 D 時常 E 總是

❸ 我可以相信他人對我的照顧。
A 從來沒有 B 很少 C 有時 D 時常 E 總是

❹ 這個世界是一個安全的地方。
A 從來沒有 B 很少 C 有時 D 時常 E 總是

❺ 我相信我遇到的每個人都值得信任。
A 從來沒有 B 很少 C 有時 D 時常 E 總是

❻ 我確信我的需求會被滿足。
A 從來沒有 B 很少 C 有時 D 時常 E 總是

❖分數計算

選擇「A 從來沒有」記爲一分，選擇「B 很少」記爲二分，選擇「C 有時」記爲三分，選擇「D 時常」記爲四分，選擇「E 總是」記爲五分。

你的最終分數是：＿＿＿＿

❖測驗說明

如果高於十五分，那麼天眞者原型可能就是你當前的主導原型，請繼續閱讀下一章的內容，最終的綜合測驗結果，請見後記說明。

如果低於十五分，表示天眞者原型可能是你當前正在壓抑或忽視的原型。出現這種情況的原因有三：第一，你過去的狀態十分符合天眞者原型的特質，但是你比較在意這一點，因此現在你正在調整或遠離天眞者特質；第二，你一直有意或無意地壓抑天眞者原型，請對比天眞者原型的陰影和沉溺行爲，是否和現在的你所遇到的某些情況一致？如果一致，可以嘗試喚醒天眞者原型，正視自己逃避的部分，重新認識這個世界，這樣才能增加生命的活力。第三，這並不是你的主導原型，不要著急，請閱讀完之後的章節再進行對比。

天眞者原型有助我們從積極的角度適應這個世界；關注一下生命中的單純與美好，或許會有新的生命感悟。不過切記，任何一個心理測驗都不能完全取代我們對自己的理解，這個數字沒有好壞、優劣之分，只是爲我們進一步認識自己提供參考而已。

第八章　孤兒

the orphan，英文原意是失去了父母的孩子；作為原型，經常被翻譯為孤兒、常人、凡夫俗子、普通人。

在現實世界中，孩子成為孤兒，意味著其父母已經去世。國家有相應的孤兒救助體系，能為這些孩子提供物質資源和教育資源，直到他們長大成人。但是在心靈世界裡，孤兒原型強調的是幼失怙恃的狀態，他們在還沒有能力保護自己時，失去了本應關愛和照顧自己的父母；這種「喪失狀態」有可能是父母不得不離開，例如：離世，或是被父母忽視、遺棄，甚至虐待，都屬於孤兒原型的範疇。

然而，**「是否失去」並不取決於外在的客觀情況，而是取決於當事人的主觀感受。**也許一個人生活在父母雙全、資源充足的家庭環境中，但是父母呈現出的教養方式與他的期待並不相符，他認為父母更偏心弟弟或妹妹，無法及時回應自己的真實感受，那麼也會產生這種喪失感。

不幸的是，很多人在童年的時候都有這樣的感受——每個人的內心都有一個被放逐在意識之外的孤兒。

孤兒原型對自我探索的幫助

孤兒原型與天真者原型，是一對關係密切但相對的原型。如果一個孩童體驗到父母貼心的照顧，他就會獲得天真者原型的信任感，從而對世界建立積極的認知；與此相對，如果孩童沒有體驗到父母的照拂，則會體驗到孤兒原型的不安全感，對世界充滿戒備和不信任。

卡蘿博士認為，孤兒原型是一個夢想破滅的天真者，是一個失望的理想主義者。**孤兒原型與天真者原型擁有需要解決的共同生命課題：安全感。**天真者原型透過各種方式維護安全感，孤兒原型則用盡全力重新獲得安全感。

在成長的過程中，我們都曾經歷傷害：渴望親情，但總是被父母用錯誤的方式對待；期待友情，然而好朋友並沒有把自己放在同樣重要的位置；尋求真理，結果發現傳遞真理的先知不一定都是正確的；信奉努力就會得到回報，卻發現並不是所有付出都能換來想要的結果。於是，在孤兒原型的影響下，自我開始變得謹慎，對世界不抱任何希望，保護自己不被現實或他人傷害。

表面上看來，個體正在變得消極，但孤兒原型的天賦恩賜是「同理心」和「實用主義」，所以實際上他們並沒有自暴自棄，而是認清現實，在生活中將積極的態度轉換為中庸的態度：無論做任何事情時，都不會盲目樂觀地認為一定會成功，也不會因認定結果是糟糕至極而失去動力。個體會保持平常心態，在人群中表現得普通、隨和，不再標新立異，也不去做不合群的舉動。他們似乎對什麼都感興趣，又對什麼都無所謂；他們能夠融入到一個群體中，在群體中被很多人喜歡，但很快地也會被很多人忘記。就像是那些最普通的人、那個叫不出名字的友善鄰居、那個很配合的下屬、那些在人群中按部就班地過著平淡生活的多數人。

畢竟，我們並不特別，我們不是英國小說《哈利波特》（*Harry Potter*）中大難不死的男孩，被選中的救世英雄；我們沒有經歷轟轟烈烈的愛與恨；我們沒有被萬眾矚目，成為校園裡的風雲人物……，我們從來不是輿論的中心，只是最平凡的那一個。

我們不一定會選擇最令人興奮的專業，畢業後也只是從事一個不那麼討厭、薪水一般的工作；我們也不一定會遇到柏拉圖所描繪的靈魂伴侶，而是找一個既理解我們又厭惡我們的人結婚；我們的心中或許一直有一個遠大的抱負，但也早已被日常瑣事給消磨殆盡和遺忘了。

孤兒原型指引我們不執著於過多的金錢和虛幻的權勢，指引我們平等地看待每個人，不論是大眾情人還是普通路人，不論是蓋世英雄還是無名小卒，不論是掌控權勢的統治者還是一無所有的貧民。孤兒原型主導下的自我都會平等對待這些人，甚至討厭那些虛張聲勢的人。

這是孤兒原型告訴我們的現實，也確實是世界的一種真相，因為世界上的大多數人都是凡夫俗子。如果能經歷這樣的一生：健康地出生、父母健全、順利讀書、畢業後找到一份能滿足溫飽的工作；不曾中過大獎，也沒有得過重病，沒有過生離死別，也沒有過特殊的回憶。以上這些雖看似平淡，卻也是幸福的一生。

孤兒原型的陰影與沉溺

孤兒曾經有過被遺棄的經歷，所以他們是脆弱的。孤兒原型的陰影會指引個體表現出這種脆弱，使個體看起來像是個受害者；他們甚至會假裝無辜，就為了獲得一些特殊待遇，或是免除需要承擔的責任。這是孤兒原型最危險的一面：利用曾經的痛苦，將所有的責任推脫給他人。

孤兒原型害怕孤單，所以他們樂於加入各種團體。但是當孤兒原型的陰影主導個體的時候，個體會為了融入一個團體、為了維持表面的人際關係，而做出一些迷失自我甚至嚴重違反道德和法律的事情，例如，那些不良少年團體。孤兒原型是自卑的，這些少年們聚集在一起虛張聲勢，只是為了捍衛自己的自卑感。一旦離開群體，就意味著他們要獨自面對強烈的自卑感。為了避免有這種體驗，即使他們在群體中受到折辱，或是被迫做出一些傷害他人的行為，也不願意離開群體。

即使不在團體中，孤兒原型的陰影也會促使個體用自虐的方式維持當前的境況。最典型的表現就是當他們求助時，不是說「好的，我們開始吧」，而是會說「但是……」，目的就是為了增加救援的難度；甚至有時候，他們還會攻擊、故意激怒那些想要幫助他們擺脫傷害的人。因為在內心深處，孤兒原型覺得並沒有人會為自己做什麼，他們可以相信的只有自己。曾經的傷痛經歷讓孤兒原型處於惶恐之中，他們不知道怎樣才會被愛、才不會被拋棄。他們努力維持人格面具的角色設定，努力不爭不搶，努力和善，同時也畏懼展示自己的陰暗面。

孤兒原型的陰影為「排斥成功」，他們認為所有人都會傷害自己，包括他們自己。所以，與其滿懷希望，最終失望，不如主動遠離成功。所以當孤兒原型的陰影主導個體的行為時，他們會過度悲觀、極度緊張，甚至連嘗試的勇氣也沒有，他們常常會說「我不行，我沒有能力做到」。

例如，他們會預設伴侶終究會離開自己，所以故意做出一些對關係有害的事情，儘管自己對此也很費解，但依舊無法控制自己；他們會預設自己做任何事情都不會成功，所以在準備面試的時候，會追劇停不下來，以致提交資料來不及，無法專心地全力以赴。當最終真的失敗時，他們只會覺得再一次驗證了自己的預設，從而又一次陷入陰影的危機之中。

美國情景喜劇《破產姐妹花》（*2 Broke Girls*）中的主角之一 Max 從小被母親忽視，成長過程相當辛苦，打著各種零工。後來她有了一個製作小蛋糕的家庭工作坊，而為了擴大銷量，她需要把名片送給自己以前的雇主。平時的 Max 毒舌又幽默，能自如應對各種各樣的人，但是當她需要介紹自己的生意時，卻聲音發緊、語無倫次，最後落荒而逃——由此可見，她恐懼的是自己「真的」會成功。

孤兒原型的沉溺特質是嘲諷，其沉溺行為是無力和擔憂。由於在生活中壓抑真實的自我，孤兒原型會帶著一個假的面具生活。也許他們選擇的工作不是自己感興趣的，伴侶也不是自己喜歡的，他們只是得過且過。長此以往，他們的熱情被消耗，不論外在環境多麼安全，他們的內在依舊焦灼不安，對生命也充滿無力感。有時候，只有沉迷於酒精、遊戲、短影音，他們才會獲得一點安慰，但這並不是真的快樂，他們只是麻木地、例行公事般地做這些事情。

孤兒原型的代表人物

瑪麗蓮・夢露（Marilyn Monroe），二十世紀五〇年代風靡一時的美國演員、模特兒。雖然她已經故去，但至今依舊是人們心中關於「性感」的代名詞，她的金髮、紅唇、白裙及迷人的笑容，深深地吸引了許多人。

夢露的童年相當坎坷，她是一個私生女，從來沒有見過親生父親。母親嚮往自由，對婚姻和孩子都很排斥，所以夢露剛出生時就被送到了寄養家庭。雖然母親會去看她，但是從來不會和她親近。直到七歲，夢露才回到親生母親身邊。一開始母親對夢露有點親近，就連上班也帶著她，可是沒過多久，母親得了精神疾病，於是接著，夢露又開始輾轉在不同的寄養家庭中生活。

然而這些家庭對夢露並不友好，寄養家庭中的其他孩子時常捉弄她。夢露就像傭人般工作，甚至還遭到侵犯。直到十六歲，夢露經歷了十一個寄養家庭，而這樣的成長經歷讓夢露倍感孤單，對生活缺乏安全感，所以她一生都在追尋一個完全愛她的人。

儘管機緣之下，夢露成為炙手可熱的明星，有了更多的追求者，但是她依舊消極，並沒有體會到真正的幸福和快樂。她錯誤地認為，自己的性感和魅力是獲得愛的方式，這些外在魅力能夠為自己換來尊重、關心和溫暖。結果被她吸引而來的人只願意重金換她一個吻，卻不願瞭解真正的她。愛確實能夠解救孤兒原型的陰影，只是夢露求而不得，遇人不淑。

夢露在工作中也表現出一些孤兒原型的陰影。她對待自己的工作很認真，卻總是記不住臺詞、遲到、缺席。或許夢露在潛意識中對這份事業也是不信任的，她認為這些會傷害自己，因此對工作呈現出矛盾的態度。

夢露是聚光燈下的明星，她看上去並不那麼「普通」，但是她的內在自我卻是謹慎和現實主義；然而，正是內在與外在的拉扯，讓她倍感掙扎。

如何喚醒孤兒原型？

卡蘿博士認為，**受傷是人生經歷的一部分，如果我們未曾受過傷害，就將永遠停留在天真無知的狀態，永遠無法得到成長。**換言之，孤兒原型及其展現出的特質對於人格發展來說，有相當重要的意義。

孤兒原型的第一個階段：對他人、權威，甚至整個世界都充滿疑慮，他們感到孤立無助，渴望擁有夥伴。同時，他們也在努力學習認清自己的痛苦，同時去感受這些痛苦，尋找痛苦的來源。這個階段的孤兒原型缺少價值感和目標感，往往會在痛苦的沼澤中越陷越深，特別需要他人的援手、愛與支持。

孤兒原型的第二個階段：嘗試與他人接觸，加入新的團體，願意接受幫助。愛與支持能夠解救孤兒原型，並促進孤兒原型的進一步成長。這份愛可以來自個人，也可以來自有著共同特點的團體。被愛著的孤兒原型會向內探索，重新理解被拋棄和被傷害的意義，並看到其中的正向力量。

從心理學的角度來看，傷害代表了心理經受的一次危機，而危機的完整含義是「危險和機遇」；也就是說，**每一次經歷的危險，都伴隨著成長的機遇。**在現實生活中也是如此，我們往往在經歷低谷和挫折時，才會迎來新的高峰體驗。孤兒的天賦恩賜也可以幫助個體在團隊中分享自己的脆弱和傷口，從而和其他成員團結在一起，相互取暖。

孤兒原型的第三個階段：不再盲目信賴世界上的規則和權威，而是更加信賴可以彼此幫助的夥伴，同時擁有務實的目標和期待。孤兒原型的被背叛體驗主要來源於父母、師長、權威等，他們會發現也許並不存在真正的美好——父母可能不合格、師長可能不盡責、法律可能不公正、制度可能有漏洞，因此，孤兒原型不會再認同這些規則和權威，也不願意從中獲得愛。

真正能療癒孤兒原型的愛來自同病相憐的人，來自同樣看清世界真相的人。孤兒原型會將自己的信賴感轉移到這些夥伴身上；因為現實世界如此殘酷，幫助他們站起來的力量只會來自有著相似經歷的彼此。孤兒原型發展到這個階段之後，將對那些遭受痛苦的人更加感同身受，並且會成為人道主義者。等到再次面對這個世界時，孤兒原型會為個體帶來更加切實的生活動力，這一刻，孤兒原型不僅重新認識真實的自我，也將坦然接受自己的陰暗面。

現在，放下書，舒展一下四肢和頸部。如果此刻是白天，請盡可能讓自己坐在陽光下；如果此刻是夜晚，請讓自己靠在一個柔軟的位置。或者，也可以尋找一個安靜舒適、暫時沒有喧鬧的地方，閉上眼睛，深呼吸三次，讓自己完全放鬆地去體會想被照顧的想法——你最想被誰照顧？是某個具體的人，還是某種類型的人，還是某個神明？然後告訴自己：這個世界上沒有人能夠照顧自己，也沒有人能夠拯救自己，只有自己可以依靠自己。最後，體會這個過程中所產生的情緒：是悲傷、失望嗎？被無力感籠罩嗎？還是想要嘲諷？抑或是深深地覺得自己不夠好？

如果答案都是「是」，那麼，你就是體驗到了內在的孤兒原型。

✓孤兒是你目前的主導原型嗎？

❶童年的時候，我曾經被父母忽視或虐待。

A 從來沒有 B 很少 C 有時 D 時常 E 總是

❷生命就是一次又一次的心碎。

A 從來沒有 B 很少 C 有時 D 時常 E 總是

❸我懼怕那些權威的人。

A 從來沒有 B 很少 C 有時 D 時常 E 總是

❹我覺得自己被遺棄。

A 從來沒有 B 很少 C 有時 D 時常 E 總是

❺我曾經被信賴的人拋棄過。

A 從來沒有 B 很少 C 有時 D 時常 E 總是

❻我生命中很重要的人讓我傷心了。

A 從來沒有 B 很少 C 有時 D 時常 E 總是

❖分數計算

選擇「A 從來沒有」記爲一分，選擇「B 很少」記爲二分，選擇「C 有時」記爲三分，選擇「D 時常」記爲四分，選擇「E 總是」記爲五分。

你的最終分數是：＿＿＿＿

❖測驗說明

如果高於十五分，那麼孤兒原型可能是你當前的主導原型，請繼續閱讀下一章的內容，最終的綜合測驗結果，請見後記說明。

如果低於十五分，說明孤兒原型可能是你當前正在壓抑或忽視的原型。那麼，你的壓抑是有意識的，還是無意識的？如果你是有意識地避免孤兒原型的特質，就說明了你在過去的生活中已經體驗過孤兒原型的影響。如果你是無意識的，那麼對照一下孤兒原型的陰影和沉溺行爲，反思這些事情是否已經發生？每個原型對自我發展都一樣重要，與其掩耳盜鈴，不如因勢利導。

接下來，請將天真者原型的測驗分數和孤兒原型的測驗分數加總，如果總分大於四十四分，那麼說明你童年期的生命課題「安全感」，得到了這兩種原型的輔助。如果總分小於四十四分，請閱讀後記中的說明。

天真者原型得分：＿＿＿

孤兒原型得分：＿＿＿

天真者原型＋孤兒原型得分：＿＿＿

其中，分數更高且高於十五分的是你在解決任務過程中的主導原型，而另一個原型會在某些特定時刻才展現出力量。例如，如果天真者原型分數更高，那麼你會偏向於盲目樂觀，忽略潛在的風險；如果孤兒原型分數更高，則會偏向於強調生活中的困難，而無視可能的收益。如果兩種原型分數相同，那麼感受一下天眞者原型和孤兒原型此刻是相互抵觸？還是相互融合？如果是抵觸的，那就需要進行調整。只有當兩者相互融合，你才能順利度過這個心理階段，並形成一個新的原型意象——卡蘿博士用「神之子」（the divine child）來命名這種融合之後的狀態。

神之子來自基督教義中嬰兒耶穌的形象。嬰兒耶穌由一位處女孕育，在宗教教義中象徵著完全的純潔、天然。由於這個嬰兒的特殊命運，他注定被拋棄，因此神之子的意象完全綜合了天眞者和孤兒兩種意象。

神之子看到了這個世界的美好，也看到了這個世界的陰暗，並從一個新的角度去認識和適應世界。此時的世界不再是二元對立，人們不需要必須選擇一個立場，對世界也只是在特定的情境下才選擇相信。世界是複雜的，人也同樣是複雜的，每個事物都兼具「好與壞」和「善與惡」。

人們將理解多元化的價值觀，理解關於一件事情不同的立場和觀點。誠如美國心理學家柯爾伯格（Lawrence Kohlberg）關於道德發展階段的理論，人們推斷一個人的行爲是否正確時，會經歷不同的發展階段，每個階段的判斷依據也會更加豐富。九歲之前，兒童以行爲的直接後果來判斷什麼是好，什麼是壞；九歲之後，兒童能夠理解社會規範，認爲符合權威、法律和秩序的事情是好的，否則就是壞的；到十六歲，人們會超越法律和權威，把良心、公平、正義作爲衡量道德的標準，並開始接受這個世界存在「合情不合法」或「合法不合情」的事情，還會嘗試調和道德與法律之間的衝突。隨著自我不斷成熟，人們會更加深刻地理解這個世界。

正如法國思想家羅曼・羅蘭（Romain Rolland）所說：「世上只有一種英雄主義，就是在認清生活眞相之後，依然熱愛生活。」

第九章　英雄

the warrior，英文原意是指勇士、鬥士、戰鬥經驗豐富的士兵，作為原型對應的翻譯有英雄、戰士。英雄原型代表的特質是自律、征服、守護，就像童話故事中降服惡龍救出公主的勇士，他們靠堅定的行動證明自己的價值。在意象上，英雄原型則更接近美國漫威影業出品的超級英雄系列電影中的人物。

在西方文化中，英雄的形象大多是戰士的模樣，他們英勇、目標明確，具有冒險精神，捍衛家園榮譽，保護弱者。

與此相對，在東方文化中，英雄和戰士的內涵並不完全相同，英雄通常指「敢為人之所不敢為」、「挽狂瀾於既倒，扶大廈於將傾」的人，而戰士則等同於軍人，需要「聽指揮、打勝仗、作風優良」。由此可見，在西方文化中對於英雄的詮釋更加強調個人所做出的貢獻，在東方文化中則更強調團隊，而不是個人。

我認為，在東方文化脈絡中更能符合卡蘿博士所描述的英雄原型的是「俠客」，也就是心懷大義、一腔熱血、路見不平、拔刀相助的人。

英雄原型對自我探索的幫助

佛洛伊德把人格分為三個部分：本我（id）、自我和超我（super-ego）。「本我」是指人格中最原始、與生俱來的部分，佛洛伊德將其形容為一口大鍋，其中盛著沸騰的本能和欲望；本我遵循著快樂原則，以滿足欲望為目標，例如，假設本我喜歡金錢，那麼不管這些錢是屬於誰的，也不管得到錢的過程是否違法，都會想辦法得到這些錢。「超我」是指人格中的道德部分，遵循道德原則，監督和限制本我的衝動。「自我」則處於本我和超我之間，負責協調兩者之間的衝突，遵循現實的原則，會使本能和欲望透過一種適合的方式得到滿足，例如，透過勞動得到金錢報酬。自我在守護超我的倫理道德的同時，也爭取到了本我的利益，而這其中的力量就源自英雄原型。

英雄原型從守護我們自身的需求、願望和人身安全開始，並在這個過程中逐漸積累力量和戰鬥經驗。然後，這種守護還會擴展到環境、弱者，維護更大的群體利益。英雄原型能夠理解我們內心的邊界，也願意透過競爭來實現目標。

英雄原型主導下的個體相信自己能開創全新的局面，他們會展現出堅定的意志和果斷的能力，喜歡運動和鍛鍊，保持強壯的身體，好打抱不平。他們會對自己所認定的「自己人」施以援手，充滿使命感和目標感，不畏強權，追求公平和公正。

英雄原型是一種相當受歡迎的原型，因為從小到大，我們都喜歡英雄故事，也渴望一位「踏著七彩祥雲的大英雄」橫空出現拯救自己。我們總是會被英雄原型所鼓舞，因為在所有的英雄傳奇中，英雄都在歷盡艱辛、堅持不懈，最終克服困難，戰勝一切。

所以，我們會被平凡人的英雄行為所感動，也會追捧擁有英雄原型定位的影視形象，為具有英雄原型的商品買單。比如孫悟空這一角色經久不衰，不論是影視的演繹、改編的動畫，還是劇中的歌曲，這些總會點燃我們心中勇敢無畏的焰火。又比如全球知名的運動品牌 Nike 其英文原意是神話傳說中的勝利女神；品牌代言人大多是在賽場上堅毅不屈的運動員，廣告標語「Just Do It」所宣揚的也是勇往直前的英雄精神。

在面對困難時，英雄原型的解決方式是直接面對挑戰，並用盡力氣去擊潰一切阻礙，嘗試扭轉不利的局面。然而，英雄原型並不是只知前進、不講策略的莽撞之徒；他們並不是初出茅廬的小兵，而是擁有豐富戰鬥經驗的勇者。英雄原型主導下的個體有著崇高的理想，會為真正重要的事情戰鬥，為這個世界的美好而奮鬥。

當然，英雄也並不一定永遠勝利，他們也有無法掌控所有局勢的時候，但是英雄能夠坦然面對失敗，即使失敗，他們也依舊是坦蕩、無悔、不屈服。

當我們的生命步入成年期，開始承擔社會和家庭的責任時，英雄原型會和照顧者原型一起出現，幫助我們解決這個時期的生命課題：責任。如果由英雄原型主導，我們會透過競爭和獲得的成就來展現自己的責任感；如果由照顧者原型主導，我們會以付出和給予的方式展現自己的責任感。在傳統文化中，人們對於性別的認知有限，所以社會鼓勵男性拿起武器成為英雄，鼓勵女性奉獻精力成為照顧者。但是隨著現代社會的發展，性別局限已經逐漸被打破，英雄原型在越來越多的女性身上被喚醒，並成為其主導原型，英雄不再是男性形象的專屬。

英雄原型的陰影與沉溺

英雄原型可以激起個體潛意識中的競爭精神，然而競爭只是他們達成目標的方式之一；如果他們「把競爭當成唯一方式，時刻處於備戰狀態」，就會陷入英雄原型的陰影。這時，他們就會因為一件小事而無限上綱，激動異常，被英雄原型的特質所控制。

他們會將外界的一切訊號都視作在向自己挑釁和下戰書。他們就像是一個引線暴露在乾燥空氣中的炸彈一樣，遇到一點火星就會爆炸，缺乏對自我的掌控感。如果他們能夠喚醒意識中的其他原型，例如，天真者原型、孤兒原型或照顧者原型，就能夠適當緩解這種枕戈待旦的狀態。

英雄原型的第二個陰影是將自尊「押寶」在戰鬥的結果上。他們認為，唯有取得勝利，才會被他人認可，反之失敗則代表自己軟弱無能。此時他們的目光狹隘，在他們的眼中世界上只有勝利的英雄、作惡的惡龍、等待救援的弱者。人們不願意成為惡龍，也不承認自己是弱者，所以每場鬥爭都要勝利，而且要成為最強的人。在這樣的陰影下，個體的自我是脆弱的，他們甚至會為了獲得勝利而不擇手段，犧牲他人的利益。在戰鬥中，真正強大的英雄所期待的是贏過自己，而脆弱的英雄想的卻是贏過對手。

如果把英雄原型比喻成一個鋒利的武器，那麼當人們運用它為公平正義而戰的時候，他會成為自己和他人的英雄；當人們用它進行不義之戰的時候，他就會成為仗勢欺人的惡棍，或者是擁有強大力量卻無人約束的惡龍。例如，在美國的超級英雄漫畫《蜘蛛人》（*Spider Man*）中，主角本是一個高中生，卻意外獲得超能力，變成了蜘蛛人。而他的叔叔告誡他：「能力越大，責任也越大。」

英雄原型的許多特質都具有強大的力量，例如：堅韌、自律、專業技能、目標明確等。然而原型並不會幫助個體辨別當前的現實，只是存在於潛意識中去滿足和補償自我。所以，失去倫理道德的約束，被刻意忽視和抑制的英雄原型所展現出的陰影是「自私自利、貪婪無度、憤世嫉俗」。

英雄原型最負面的陰影是「傲慢、自以為比他人優越」。優越感是一種認知偏誤，人們會因為擁有財富、學識、職位、力量、經歷等而產生與他人不同，甚至比他人優秀或重要的錯誤認知。英雄原型的傲慢往往會產生糟糕的後果。唐代詩人曾寫過這樣的詩句：「憑君莫話封侯事，一將功成萬骨枯。」只要戰鬥，就會有犧牲；對於那些取得勝利的英雄來說，如果他的心中只有傲慢，沒有悲憫，只有自己，沒有他人，那麼再冠冕堂皇的理由都只是虛偽的正義，無法掩蓋其侵略和掠奪的本質。

英雄原型的沉溺特質是禁欲和刻苦，其沉溺行為是功成名就。英雄的力量並不是個體與生俱來的，而是需要時刻勤勉地練習。所以英雄原型會指引人們專心訓練、克制享樂的欲望。當英雄透過戰鬥獲得了勝利，那麼鮮花、榮譽、稱讚既是英雄的收穫，也會成為英雄的枷鎖。如果英雄原型沒有發展完全，這些透過「惡龍」考驗得到的「珍寶」也可能成為殺死英雄的陷阱。

英雄原型的代表人物

英雄原型中最典型的代表人物，是十九世紀初法國的軍事家和政治家拿破崙（Napoléon Bonaparte）。

十八世紀的法國正在經歷制度、文化和思想的動盪與變革，民不聊生。一七八九年爆發的法國大革命徹底摧毀了法國的封建制度。當時的法國內憂外患，很多革命派奮勇抗爭，他們有犧牲，也有勝利。在這樣的背景下，二十五歲的拿破崙先是透過優秀的軍事才能鎮壓武裝叛亂，成為陸軍準將兼巴黎衛戍司令，接著在二十六歲時成為法蘭西共和國義大利方面軍總司令。他擊敗北方的義大利、奧地利等國，在中東地區抑制英國的擴張，並且遠征埃及及占領亞歷山卓。二十九歲時，拿破崙發動政變，正式結束法國大革命的混戰，成為法蘭西共和國的第一執政官，三十四歲時更是加冕稱帝。

拿破崙執政之後，開始在法國建立新的社會經濟秩序，大力發展資本主義。在經濟方面，拿破崙建立銀行統一貨幣，整頓財政制度，提高稅收，扶持工業發展；在教育方面，拿破崙獎勵科學家，鼓勵科學研究和技術教育，設立的國民教育制度被保留至今；在法律方面，拿破崙親自參與討論並頒布《法國民法典》（亦稱《拿破崙法典》），建立完整的法律制度，隨後頒布的《商法典》和《刑法典》成為近代資本主義法制社會的規範，直至今日也有相當深遠的影響；在軍事方面，拿破崙進行軍事立法，改革徵兵制度，建立世界上最早實施作戰指揮的司令部。在拿破崙的一生中，他親自指揮的戰役有六十次，其中五十多次都取得了勝利，多個反法同盟的國家都受到過拿破崙的重創。

拿破崙用其一生展現了英雄原型的典型特質。拿破崙的征戰從守護家鄉開始，當他一步一步成為國王後，便開始守護整個國家，維護法國的利益；他的每一個重要成就節點都是透過戰爭得來的。他有著過人的軍事才能，重視對軍人的訓練，目標明確，時刻實踐著「守護」和「征服」的使命。

當然，作為一個政治家，拿破崙並不是一個能夠被如此簡化的人，但是他的生命軌跡猶如英雄原型最好的演繹。當拿破崙第一次被流放的時候，他也如英雄原型面對困難時的表現那般，不屈不撓，奮力一擊。當他經歷滑鐵盧戰役，要面對無可挽回的失敗時，他依舊是坦蕩、無悔的：「我真正的光榮，並非打了那許多次的勝仗……但有一樣東西是不會被人們忘記的，它將永垂不朽——就是我的這部《法國民法典》。」

如何喚醒英雄原型？

我們可以透過一些特定的儀式和氣氛喚醒英雄原型，例如，競技運動。當我們觀看激烈的運動賽事，尤其坐在賽場邊、感受現場的吶喊和運動員揮灑汗水時，我們會熱血沸騰，重新擁有面對生活的勇氣——這就是英雄原型的喚醒。

英雄原型的發展會經歷三個階段。第一個階段的英雄停留在為利益而戰鬥，不斷培養和積聚力量，透過外在的成就和競爭驗證自己的能力。在我們從小到大的成長過程中，不論享有的物質資源如何，不論父母的教養方式如何，我們在心理層面上都是不停被約束的過程。我們最常聽到成人說的話就是「別碰、別動、別拿、別去……」，而由於自我還不成熟，缺少對環境和安全的認知，這樣的約束都是為了保障我們能夠安全長大，促進本我和超我之間的協調。

隨著我們逐漸長大，自我對環境的獨立判斷能力提高了，這時候，成人需要尊重我們的心理發展規律，減少對我們的約束，這樣自我的領地範圍才會擴大。然而在現實中，這個階段的兒童已經進入到青春期，生理和心理都發生了很大的變化，但成人往往來不及轉變他們的教育習慣，甚至提出了更多的約束禁令，如此一來，會導致青少年的自我感覺到內心的領地被侵犯，於是第一階段的英雄原型開始戰鬥、抗爭，透過不斷抗爭來維護自我的利益，透過每一次的勝利或失敗來驗證自己的能力。

第二階段的英雄有了更清晰的目標，他們會為了理想而戰鬥，並更加有策略，會遵守競爭的規則，遵循公平的原則。卡蘿博士所形容的英雄精神能明辨何時、何地、何事應該競爭，並且爭所當爭，而不是事事都爭；換言之，英雄是有策略而非莽撞的，他們會先辨別自己的目標，設定策略後再實施。當遇到強勁的對手時，英雄會重新調整策略，但是不會輕易轉變目標。英雄具有征服的力量，他們導向的目標包括財富、愛情、自由、聲譽；而實際上，這與惡龍是同樣的。要區別英雄和惡龍，就需要確認其是否擁有崇高的理想、公平和利他的目標。

第三階段的英雄擁有充分的自我肯定，他們會為了真正重要的事情而戰鬥，能做到不戰而屈人之兵，在競爭中引發的衝突更少，以爭取更多雙贏的結果。最高階段的英雄原型其奮戰目標高於個人利益，他們會為了保障全部人類的福祉而努力。這時英雄原型的敵人不再是某個具體的人或事，而是人性的無知、貪婪，是依舊存在的貧窮和匱乏，是內心深處的狹隘和悲觀絕望。最高階段的英雄不再執著於短兵相接，他們的武器是談判技巧、語言能力、合縱連橫的策略、法律知識、臨場應變的反應等。好比在中國古代最古老的軍事理論著作《孫子兵法》中論述了很多作戰策略，但最核心、最厲害的策略就是「不戰」；《左傳》中也曾經論述：「非爾所知也。夫文，止戈為武。」

英雄不僅僅是一種抗爭和守護的行動，更是一種修養和精神。最高階段的英雄是以「理」和「禮」服人。功夫片是中國影視史中的一種類型片，在世界影視製作歷史中都占有重要的地位。最早的功夫片強調呈現硬橋硬馬的速度和力量，但隨著經濟發展和綜合國力的提升，功夫片越來越強調境界和俠義精神。例如，二〇一九年上映的電影《葉問四》就是借由師徒之間的對話闡述武術的深刻涵義：「貴在中和，不爭之爭。」

英雄是你目前的主導原型嗎？

❶ 我能夠放下恐懼，去完成應該做的事情。

A 從來沒有　B 很少　C 有時　D 時常　E 總是

❷ 爲了維護我的信念，我願意承擔風險。

A 從來沒有　B 很少　C 有時　D 時常　E 總是

❸ 我無法坐視不理錯誤發生，而不去改正它。

A 從來沒有　B 很少　C 有時　D 時常　E 總是

❹ 爲了達成目標，我嚴於律己。

A 從來沒有　B 很少　C 有時　D 時常　E 總是

❺ 當有人無禮冒犯我時，我會站出來反抗。

A 從來沒有　B 很少　C 有時　D 時常　E 總是

❻ 生活中所有事情的成功關鍵就是不斷地練習。

A 從來沒有　B 很少　C 有時　D 時常　E 總是

❖ 分數計算

選擇「A 從來沒有」記爲一分，選擇「B 很少」記爲二分，選擇「C 有時」記爲三分，選擇「D 時常」記爲四分，選擇「E 總是」記爲五分。

你的最終分數是：＿＿＿＿

❖ 測驗說明

如果高於十五分，那麼英雄原型可能是你當前的主導原型，請繼續閱讀下一章的內容，最終的綜合測驗結果，請見後記說明。如果低於十五分，代表英雄原型是你當前正在壓抑或忽視的原型。出現這種情況的原因有三：

其一，英雄原型是你過往生活中占據主導位置的原型，你以英雄的姿態奮戰已久，而現在的你面臨新的人生任務，正在主動調整自我，有意識地展示更多其他原型的力量。其二，你可能是一個女孩子，從小所接受的教育經常強調「服從」和「聽話」，以致你在潛意識中認爲自己是一個弱者，一個被犧牲的小角色。然而英雄原型從來就沒有性別的限制，也不是某種性別的專屬。每一種原型都需要在潛意識中得到發展，這樣才會走向眞正的自性化。其三，你在自己的認知中沒有覺察到英雄的力量，這導致你現在的生活已經出現了某些危機，或許，可以嘗試使用英雄原型來解決現在的困境。

如果你的年紀現在已經超過三十歲，並建立了家庭，或在團隊中承擔一定的責任，那麼分數高於十五分代表你可能習慣使用競爭的方式應對現在的生活；分數低於十五分的話，可以結合下一章的內容再進行分析。

第十章　照顧者

the caregiver，英文原意是提供照料的人、私人看護；作為原型，可以翻譯為照顧者、利他主義者。這個詞在中文和英文上的含義基本上一致，都是指在生活中提供看護和照顧的人，例如：父母為兒童提供的養育和照料、老師為學生提供的教育和指導、醫護人員為病患提供的專業診療和康復支援等。

儘管最理想的照顧者形象是父母，但在現實生活中，照顧可以發生在各種關係中，比如：伴侶之間、同事之間、民生服務機構等。不過，照顧者原型提供照顧的原因並不是因為對方的困境，而是因為照顧行為可以幫助照顧者產生歸屬感。

照顧者原型對自我探索的幫助

照顧者原型所展現出的人格特質是體貼、無私、慷慨、細緻，以及無條件的關愛。照顧者原型是最符合「超我」原則的原型，也是自我發展最高尚的原型。因為照顧者不僅對與自己有關係的人提供愛和幫助，也對與自己無關的人提供同樣的愛與幫助，甚至在某種層面上，照顧他人超越了優先滿足自己的需求和利益的本能。

照顧者原型與英雄原型經常交織在一起。一方面，兩者同為成年期的對立原型，另一方面則是兩者與性別有著密切的關聯。照顧者雖然沒有固定性別，但是在我們的印象中大多是母親的形象；英雄也沒有性別指向，但是提到英雄，我們腦中出現的往往也是拿著武器的男性，這與幾個世紀以來的社會分工有著密切關係。一直以來，社會就鼓勵男孩去征服和爭鬥，鼓勵女孩去奉獻和給予。這導致大部分男性認為，展現英雄原型比展現照顧者原型更容易，而大部分女性展現出的也是照顧者特質，而不是英雄特質。

照顧者原型不僅會指導我們照顧他人，也會引導我們自我關愛。照顧者原型發展出的照顧風格和方式因人而異，不過多半會遵循印象中父母照顧我們的方式。現在，回憶一下小時候生病或遇到問題時，你的父母是如何做的？

第一種父母透過轉移注意力的方式來安撫我們，比如像這樣：「沒做好就沒做好吧，我帶你去遊樂園散散心。」再或者，父母會迅速抱起我們，輕聲安慰並說：「別哭了，我帶你去買好吃的。」如果父母只是安撫我們的情緒，不幫助我們分析問題發生的原因，那麼當我們處於困境時就只會找人吐槽，傾訴抱怨，尋求安慰；而忽視問題的解決方法，也會導致我們不敢直接面對問題，為此，當他人給我們帶來麻煩和困擾時，我們也總是會說「沒關係」，然後自己收拾殘局。

尤其如果父母在我們受傷哭鬧的時候以食物安撫我們，那麼我們就會習得這種應對方式。每當生氣或煩惱時，就會產生強烈地想要吃某種食物的衝動；當工作上遇到不順，我們首先想到是「事虧了，但是嘴巴不能虧，我得找人請我吃飯補償自己一下」。此外，我們也會以這種方式對待伴侶、同事、孩子、朋友，信奉「沒有什麼事情是一頓飯解決不了的」。

第二種父母也許會冷靜地說：「哭有什麼用，你應該這樣做，以後注意。」如果我們的父母並沒有安撫我們，而是直接面對問題，指導我們如何去解決，那麼我們也會如此對待自己，刻意忽略真實的情緒感受，將更多注意力放在分析問題和制定解決方案上。如此一來，在工作中，我們會很有行動力，能及時查找問題，實施補救措施，但也會無視自己的情緒，顯得很冷漠。在面對他人的求助時，我們會更願意直接給出解決方案，但有時甚至聽不完對方要說的話。

只安慰不指導，或者只指導不安慰，這兩種模式所發展出來的照顧者原型指向兩個極端：要不逃避，要不冷漠。你在應對困擾的時候如果也出現了這兩種傾向，請提醒一下自己：吃飽喝足後別忘了繼續解決問題，吐槽的同時也聽一聽不同角度的分析，努力修改方案後給自己一些安慰或獎勵，照顧一下失落和難過的自己。

照顧者原型的陰影與沉溺

照顧者不僅是指引自我發展的一種原型，也是個體需要擔任的社會角色。因此，當自我的照顧者特質與其社會角色不相符的時候，照顧者原型的陰影就會展現出來。

第一個陰影是「情感上的共生」和「行為上的傀儡」。在多數的情況下，當成人成為父母的時候，他們的照顧者特質還沒有發展完全，但這時卻面臨著要照顧一個孩子。尤其對於母親角色來說，通常她的天真者原型已經完全發展、孤兒原型的發展被壓抑，並且還沒有開始發展英雄原型。這時的母親沉浸在與孩子相處的快樂中，享受著孩子的純粹和天真氛圍，但她刻意忽視養育孩子的現實困境，依賴自己的孩子，害怕孤單，並且無法分辨自己和孩子的心理界限。雖然表面上是母親在照顧孩子，但從自我層面上來看，實則是母親在索取孩子的照顧。

與此同時，孩子的自我也會出現混亂，他分不清哪些是母親的需要、哪些是自己的成長需要；這時，母親和孩子在情感層面上便共生在一起。例如，在生活中我們時常看到已經做母親的年輕女孩，當她們與孩子在一起時，反而表現得更像一個小朋友，在孩子面前撒嬌，吸引孩子的注意力。

至於父親的角色，他們通常會用內在的英雄特質代替照顧者特質。他們不知道如何給予孩子愛，想要靠近孩子，卻只是表現出自己的笨拙和能力匱乏。於是，他們轉向關注工作，以獲取更多的生活資源，但是又不甘心在照顧孩子的過程中所遭受的挫折。為此，他們可能會表現出與家人的疏遠，強調父親角色的權威，或是不照顧家庭，以安撫自己的內心。他們像是一個被孩子和家庭操縱的傀儡，機械地行動著，而這樣的糾結會讓年輕的父親成為一個扭曲的角色。

照顧者原型的第二個陰影是「吞噬」——無視心理界限，對孩子過度照顧。如果父母的照顧者原型被過度激發，他們將會以一種吞噬的狀態對待孩子的自我。父母將給予孩子更多照顧，將孩子視為自我的一部分，忽視孩子的獨立性。他們會試圖掌控孩子的一切，例如，替孩子做人生重大的決定，包括讀什麼科系、做什麼工作，不信任孩子可以獨立解決問題，不允許孩子有和自己不一樣的觀點，甚至利用孩子完成自己的夢想。

不過，很多父母的這種吞噬行為是不明顯的，例如，孩子告訴父母上大學後要去打工，父母在言語上雖表示贊同，但內心卻認為這件事存在很多不可控的危險。於是他們開始旁敲側擊，暗示孩子打工有很多陷阱，還會轉移話題討論孩子在大學期間的課餘時間有限。父母自以為做得很巧妙，並認為自己是在和孩子客觀地討論，但是他們只預設了一種結果，並且全然不知孩子已經發現了他們的意圖。

照顧者天生有為他人付出的傾向，但當他們總是在犧牲、付出總是得不到回報時，就很容易陷入照顧者原型的第三個陰影——成為「經歷苦難的犧牲者」，透過對方的愧疚來掌控對方。他們會將犧牲作為關係中的籌碼，利用對方的責任感來得到自己想要的。例如，父母總對孩子說：「為了栽培你，我放棄了晉升機會，犧牲了全部的時間來陪你，你必須得優秀才對得起我。」或者對自己的伴侶說：「為了你，我背井離鄉，放棄更好的機會，你必須永遠愛我。」而這樣的狀態深深地束縛著關係中的每個人。

照顧者原型的第四個陰影是「無法拒絕」，只要對方開口，他們就會完全迎合，甚至對方沒有開口求助或者其實並不需要幫助，也會主動地提供幫助。他們盡可能讓自己看上去是受歡迎、熱情的，但實際上這是缺少界限的表現。**雖然表面上看來，他們在提供照顧，但實際上只是在掩飾內在的真實感受，掩飾那種被遺棄、不被需要的感覺。**

照顧者原型的沉溺特質是救援，其沉溺行為是照顧他人。照顧者原型的力量溫柔且強大，但是失控的照顧者迷失在自以為的「為他人好的奉獻行為」中，實際上卻在無形中傷害了對方。當人們被照顧者原型的特質所控制時，其實最需要被照顧的並不是別人，而是他們自己。

照顧者原型的代表人物

戴安娜（Diana）是英國查爾斯三世（Charles III）的第一任妻子，人們更習慣稱她為「戴安娜王妃」。

戴安娜出生在貴族家庭，顯赫的家族給她的印象是疏離和冷漠，空曠的古堡陰森可怖，重男輕女的父親是無情的。在她三歲的時候，父親和母親離婚，並娶了後母。戴安娜渴望被照顧，卻始終得不到，所以她展現出更多照顧他人的特質。她喜歡用嬰兒車推著娃娃，照顧弟弟穿衣服，為去世的寵物辦葬禮等。

成年後，戴安娜遇見了查爾斯，並在二十歲時成為他的王妃，但是這場婚姻並沒有想像中那麼美好。婚後，戴安娜王妃才意識到丈夫並不是全心全意地愛著自己，他的求婚只是為了完成王儲生兒育女的責任。為了挽回丈夫，戴安娜王妃做出了很多努力，但是兩個人的婚姻依舊走向了終結。

在對婚姻失去期望的時候，戴安娜王妃開始專注於慈善事業。她將自己的愛而不得轉化為對正在痛苦中掙扎的人們的愛。從一九九一年開始，戴安娜王妃探訪愛滋病人，不顧王室的威嚴態度，不戴手套真誠地和他們握手擁抱；多次出訪北非，籌集善款，資助慈善學校和醫院；關注殘障人士、痲風病患、自閉症患兒等弱勢群體；為全球反地雷運動奔走，多次親身探察危險的地雷區，探訪因為地雷致殘的平民⋯⋯。

不同於英國王室在慈善活動中高高在上的姿態，戴安娜王妃親切真誠，人們不再樂道她曾經的王室八卦，相反地被她獨立的人格所折服。她去世的時候，儘管當時已經與查爾斯離婚，英國王室依舊因為她的慈善影響力，以最高殯禮待遇為她舉行葬禮。

戴安娜王妃將自我的歸屬感投諸於這個社會中所有的弱勢人群，但這何嘗不是在掩飾內在自我被遺棄和不被需要的感覺？就像她曾經對關注慈善的原因做出的回答那樣：「我也沒有其他的事情可以做。」在戴安娜王妃去世二十年之後，人們依舊感念她，這也是一種回應和補償吧！

如何喚醒照顧者原型？

當我們開始關心和幫助他人的時候，照顧者原型就出現了。照顧者原型的發展也是有順序的，首先從照顧自己開始，其次是照顧家人和他人，再之後是更廣範圍的人和事。能夠喚醒照顧者原型的情境和儀式，包括與宗教有關的場所或儀式、公益活動、志工服務、養育寵物等。不過需要注意的是，喚醒這一原型的前提是已經充分關注和照顧自己的內心——**只有照顧好自己，才能真正照顧好他人。**

另外，參與這些情境或儀式需要具備一定的基礎常識。如果你並不是一個宗教徒，在進入某個宗教場所的時候，請查閱相關的禮儀和禁忌；如果你想做志工，請至少參加一場「志工服務精神與技巧」培訓；如果你想養育寵物，也請瞭解與寵物生命有關的知識。不論我們的成長需求如何，在關愛自己的同時也要尊重其他人。

照顧者原型的發展會經歷三個階段。第一階段的照顧者可以協調自己和被照顧者的需求，當兩者發生衝突的時候，他們的解決方式多半是犧牲自我的需求，滿足他人的需求。此時的照顧者原型將他人放在自己之前，總是有意無意地忽視自己。

第二階段的照顧者開始學習照顧自己。他們在為他人提供愛和關注的時候，也會關愛自己，而不是透過犧牲、迎合等方式傷害自我。他們這種無條件的愛逐漸轉換為有條件的愛，從而能夠拒絕不合理的索取，變得威嚴有力，建立起自己的心理界限。不過這個過程需要發展內心的英雄原型來協助，英雄可以幫助個體守護照顧者原型。雖然照顧者想要照顧所有人，但是一個人的能力和精力畢竟有限，需要做出取捨，而英雄原型的目標感正好可以發揮這個作用。第三階段的照顧者願意擔負起照顧世界的責任，為社會和大眾奉獻一切，甘願成為殉道者。這種奉獻一般需要特殊的歷史背景，例如，為了印度的民族獨立而奉獻一切的甘地、為了國家和信仰而犧牲生命的革命烈士。

在生命發展中的任何階段，我們都會成為照顧者，不過只有在照顧者特質和外在的照顧者角色相符時，我們的自我才能健全發展。

照顧者是你目前的主導原型嗎？

❶我把別人的需求放在自己的需求之前。

A 從來沒有　B 很少　C 有時　D 時常　E 總是

❷照顧他人會讓我感到快樂和滿足。

A 從來沒有　B 很少　C 有時　D 時常　E 總是

❸給予比接受更令我感到快樂。

A 從來沒有　B 很少　C 有時　D 時常　E 總是

❹我發現爲他人做事比爲自己做事容易許多。

A 從來沒有　B 很少　C 有時　D 時常　E 總是

❺犧牲自己幫助別人，會讓我成爲更好的自己。

A 從來沒有　B 很少　C 有時　D 時常　E 總是

❻我很難拒絕他人。

A 從來沒有　B 很少　C 有時　D 時常　E 總是

❖分數計算

選擇「A從來沒有」記爲一分，選擇「B很少」記爲二分，選擇「C有時」記爲三分，選擇「D時常」記爲四分，選擇「E總是」記爲五分。

你的最終分數是：＿＿＿＿

❖測驗說明

如果高於十五分，那麼照顧者原型可能是你當前的主導原型，請繼續閱讀下一章的內容，最終的綜合測驗結果，請見後記說明。

如果低於十五分，那麼照顧者原型可能還沒有得到發展，或是你目前正在壓抑或忽視此原型。如果在過去的生活中，你已經表現出很多照顧者原型的特質，但是總在自我犧牲、無法拒絕別人，那麼你可能已經陷入照顧者原型的陰影中。對照前文的內容，你可以覺察一下當前自我的需求，看看是否忽視了對自己的照顧。

接下來，請將英雄原型的測驗分數和照顧者原型的測驗分數加總，如果總分大於四十四分，表示責任在你目前的生活中是一個重要的任務和課題。如果總分小於四十四分，請繼續閱讀後續的內容，探尋當前生活的任務。

英雄原型得分：＿＿＿＿

照顧者原型得分：＿＿＿＿

英雄原型＋照顧者原型得分：＿＿＿＿

對比英雄原型和照顧者原型的分數，分數較高且高於十五分的原型，是你在處理與責任有關的任務時的主導原型。如果英雄原型分數更高，你會以在競爭中獲勝、提出意見的方式來表現對某人或某事的認眞負責；如果照顧者原型分數更高，則會透過提供支持、給予照顧和力量的方式來表現自己的責任感。如果兩者分數相同，那麼表示你的英雄原型和照顧者原型的力量相當；那麼，它們之間是衝突矛盾的狀態？還是彼此整合的狀態？

卡蘿博士相信，整合兩種原型的特質將催生出一個溫柔且強大的自我，而這一自我結合了英雄般的能量和照顧者的無私：他們充滿力量，又富有同情心，擁有無限的包容力，同時不畏懼任何困難。這樣的內心所綻放出的力量，將超越從父母那裡習得的不完美的「照顧經驗」，它會幫助我們重新採取更合適的方式照顧他人、照顧自己，向所有人提供愛與支援。

第十一章　探險家

the seeker，英文原意是指在尋找和追尋的人；作為原型，對應的翻譯有探險家、探險者、探索者、追尋者、朝聖者、流浪者。

在中文語境中，「探險家」、「朝聖者」、「流浪者」指代的並不是同一類型的人。探險家更強調冒險與刺激的過程；朝聖者更強調對精神和信仰的追求；流浪者則更強調失去和一無所有。我們在對應「seeker」這一原型的時候，需要將三者的通俗理解結合起來——為了獲得更高層級的精神認同，去冒險、去嘗試、放棄已經擁有的，將自己放逐在追尋的路上。

探險家原型對自我探索的幫助

探險家原型有著不停嘗試、尋找更加充實生活的願望，所以難以安頓下來。他們有著與生俱來的好奇心，樂於去更遙遠的地方旅遊，享受學習新的知識，喜歡嘗試新的體驗，不畏懼冒險，樂於迎接挑戰。探險家渴望能自由自在地探索這個世界，所以他們也很難長久地待在一份工作或一段關係之中。

這樣的探索過程可能會為他們帶來一些成績或收穫——金錢、社會地位、愛情、學識等，而這些也會成為生活中的動力。但是這樣的探索結果無法令人滿足，探險家依舊會繼續嘗試，追尋更加真實、更加美好的事物。外在行為的追尋，從根本上來說是為了滿足內在的渴望；也就是說，探險家的追尋和探索行為是「自我」在尋求超越。

在現實生活中，自我提升可能是主動，也可能是被動的。每當我們感到迷茫，覺得現在的生活並不是自己想要的時候，主動的探尋就會開始。一開始，我們可能並不確定自己想要的是什麼，所以會一邊探索，一邊體驗，一邊調整。然而，這樣的主動探尋並不是一件容易的事，常常會打破現有的平衡和安逸，所以，很多人總是在經歷過失去和傷害的時候才會被迫行動，比如：伴侶的離開、突然被開除、經歷生死離別。此時的他們倍感失落，需要重新調整自己；只是這時候，他們的探尋還沒有做好準備，就像是還沒有做好規劃就出遠門一樣。

探險家原型引導個體去超越自我，這是一個充滿未知和試煉的過程；它一方面試煉我們是否真的有信念持續走下去，另一方面也會試煉其他原型的發展程度。天真者原型和孤兒原型將自我指向樂觀和悲觀兩個不同的方向，在自我踏上征途之前，我們需要知道自我選擇了其中的哪個方向，抑或是已經將兩者融合。同時，自我還需要知道英雄原型是否已經幫助我們發展出自我控制的能力、現有的勇氣如何，以及照顧者原型在採取哪種方式為內在的自我提供安慰。

當我們可以平衡內在的其他原型力量時，就可以在試煉的過程中分清楚什麼時候該堅持，什麼時候該妥協，如何獲得支持，如何避免破壞。與此相對，如果不能妥善地整合內在的原型力量，即使被迫踏上征程，也會倒退回到孤兒原型的狀態，無法實現自我超越。我們的內在原型始終交織在一起，只有將它們整合協調之後，探險家原型的內在渴望才能得以實現。

日本漫畫家尾田榮一郎從一九九七年開始連載漫畫《航海王》（*ONE PIECE*），至今依然受到年輕人的歡迎。漫畫中最經典的臺詞是就是「我是要成為航海王的男人」，為了這個目標，很多船長在大海上航行，乘風破浪，不斷地戰鬥和探尋最終的寶藏。然而在每個船長的「心靈之船」上都不是一個人在戰鬥，而是一群夥伴相互磨合，共同前進——而十二原型，就是你內心的夥伴。

內在的自我探索尤其需要勇氣，畢竟那個新的自我不是在原地，而是在遠方。踏上征途就意味著要離開，離開現在所擁有的穩定、親密、熟悉、有安全感的地方。你真的做好決定了嗎？你真的捨得嗎？當我們迷茫、困惑，感受到內心的渴望時，這兩個問題總是會阻礙我們的腳步。為什麼？因為對於探險家，我們往往有這樣的誤解：探險家也是流浪者，探尋意味著失去，需要放棄伴侶、孩子、朋友，放棄與他們的情感連接，然而事實上並非如此。誠然探尋確實需要放棄一些東西，但是**有些放棄和離開是暫時的，離開並不意味著不會再次擁有。**

我們需要捨下的並不是具體的人或事，而是與之拉開情感上的距離。我們依舊養育孩子，贍養老人，但是不再百分之百占據彼此的時間。真正親密的關係，並不是彼此難解難分地依賴，而是相互理解，又各自擁有獨立的心理空間。

探險家原型的陰影與沉溺

《山海經》中有這樣一個故事：遠古時候，有一個叫夸父的巨人，他身形高大魁梧，有著堅定的意志和強大的力量。有一天，夸父開始追逐太陽，穿越山川河流，感受到太陽越來越強烈的照射。他饑渴無比，來到黃河邊，一口氣喝光了黃河裡的水，但是夸父依舊覺得不解渴。在北方有一條縱橫千里的大澤，夸父想到那裡解解渴，結果還沒有跑到大澤邊，他就在路上渴死了。

這是一個神話故事，不過如果以原型的視角來分析，夸父就如同追尋中的自我，太陽則如同更高階段的境界；自我以為已經擁有了力量，但其實對於追尋的目標來說依舊是自不量力。卡蘿博士認為，希臘神話中有很多為了追尋光明、火種等高等力量而遭受懲罰的故事，這些都是在講述探險家原型的陰影。

探險家的第一個陰影是「驕傲自大，被野心吞噬」。追尋超越是一件充滿誘惑的事情，不論終點和目標是什麼，這都會是一種收獲，一種提升；這個過程並不容易，需要萬分謹慎和小心。如果盲目自信，那最終的目標將不再是收穫，而是陷阱。因此，在自我尚未成熟之前、在沒有學會技能之前，不要做超過能力範圍的事情，否則將成為野心的獻祭。

探險家的第二個陰影是「以身體甚至生命為代價」。在眾多尋求自我提升的方式中，人們比較常使用的是透過工作和心靈修行來完成探尋；這樣他們既不會離開家人、不會拋開責任，且在某種程度上還會獲得物質水準的進一步提升。於是，很多人透過竭盡全力地工作，或者控制飲食等特殊的生活方式來尋求超越體驗。

為此，人們可能會呈現出一種工作狂的狀態，不斷追求工作效率，不停地加班，不再有時間和精力去安排自己的生活；即使在休假的時候，也隨時保持在工作狀態，滿腦子都想著工作。另外，他們也可能會有某些心靈修行的計畫，比如：茹素、辟穀、像出家人一樣齋戒禁欲，以及遠離城市，生活在偏遠的山林中。

這些工作和修行會帶來一些好的結果，例如：完成工作專案並獲得成就感、賺取大量的金錢、得到權威的認可、身體不再疼痛、某些症狀減輕，以及對人和事有了全新的認知。但是探險家原型的陰影會將這種「身心進修」的邊界無限擴大，使得原本的節律變成病態，原本的促進變成損耗。這個邊界不僅是模糊的，甚至在我們還沒有察覺的情況下，探險家原型的陰影就已經把我們拖進了深淵。**生命無常，身體是心靈和自我的載體；如果生命受到威脅，那麼心靈的超越只是虛妄。**

探險家的第三個陰影是「完美主義」。探險家原型所展示的理想自我會成為我們追求的動力，不過當這一原型的陰影主導時，這樣的理想就會變成完美、正確，但是不可實現的目標。我們心中一直會有一個更好的地方、更好的人、更好的關係、更好的成就；不論我們當下做到了什麼，卻總是覺得還有什麼事情沒有完成，內心永遠無法獲得平靜。就像是夸父在追趕太陽，太陽是完美的，但是他卻一直到達不了，無法觸及。

探險家原型的沉溺特質是以自我為中心，其沉溺行為是追求完美。自我成長和探索都是在個體內部發生的，這種渴求無法由他人完成，這種焦躁也無法由他人分擔，同理，當自我達到一種新的境界，內在的滿足、平和和自在也無法由他人代替。所以在這個過程中我們只會關注自己的感受、只考慮自己的利益，有時還會沉浸在這種感受中無法自拔，希望能夠再進一步，再完美一些。然而，不論我們想要成長的迫切程度如何，在所有探索過程都不應該傷害自己，也不應該傷害其他人，沒有人應該為我們犧牲。

探險家原型的代表人物

李小龍，當代的武術宗師、好萊塢演員、世界武道變革的先驅者。

功夫片是電影史上的一個重要類型，至今仍受到國內外許多觀眾的喜歡，而功夫片的開創者就是李小龍。李小龍出生在美國，為了強身健體，他從小開始學習武術，長大後更是醉心於武術的研習、實戰和推廣。從二十歲開始，李小龍就先後開設武術道場、國術館，參加各類空手道、跆拳道、搏擊大會，挑戰泰國、巴西、美國等各國的高手。他還透過電影公司的面試，參加電影拍攝，將自己的功夫融入其中，他主演的功夫電影風靡全球。

很多人都是透過李小龍的電影而認識了這樣一位有著真功夫的演員，卻並不知道他一直在透過功夫進行自我超越。為了開發潛能和追求身體極限，李小龍一直在超負荷練習，所以他的出拳速度和反應靈敏度備受對手的稱讚。李小龍二十歲後的人生經歷充滿了武術挑戰和拳腳切磋，他在實戰中創立了一種融合各類拳法的自由搏擊技法——截拳道，從而成為一代武學宗師。

李小龍對於武術的癡迷並非來源於英雄原型的征服特質，而是來源於探險家原型的自我超越。因為他的目標不是戰勝對手，而是尋找武學蘊含的哲學，完成自我的成長。畢竟，李小龍大學主修的課程是戲劇、哲學和心理學。三十一歲的李小龍曾經總結自己的感悟：「要如水一般靈活、無形。」

每個人探索自我的方式並不相同。如果可以結合自身興趣，借助已有的資源，不斷拓寬自我認知的邊界，這將會是一段充滿成就感的自我探索之路。儘管李小龍三十三歲時因故去世，但是他的探索之路影響了許多人。他對中國武術的推廣、編寫的《基本中國拳法》、拍攝的作品、創立的截拳道等，不僅證明了他的自我價值，也影響了很多追隨者的價值觀。李小龍的妻子蓮達（Linda Lee Cadwell）曾說過，李小龍一直認為自己還有很多路要走，很多事要做，他向世界的展示也只是剛剛開始而已。

如何喚醒探險家原型？

在我們的成長過程中，有兩個人生階段最容易受到探險家原型的主導，一個是青春期後期，即二十歲之前；一個是壯年期，即三十五歲之後。這兩個階段都需要我們嘗試接納新的觀點，或重新認識這個世界。

青春期後期通常是高中畢業的時候，也是我們正式結束義務教育，成為成年人，即將進入新的人生階段的時刻。在這個階段，我們看上去和成年人沒有區別，各項心理機能也基本達到成年人的水準，此時的自我最渴求獨立，也將第一次真正實現「獨立」。不論是進入大學繼續學習，或是結束學業像成年人一樣工作，這都是個體內在和外在獨立的一種表現。

所以，我們急需從一個被照顧者的角色中跳脫出來，我們渴望展示自己，告訴別人我們對這個世界的看法，對未來的計畫和目標。我們可能故作深沉，關注生命的深刻話題；也可能標新立異，從衣著和髮型上發生很大的改變；還可能充滿好奇，想要像成年人一樣喝酒、戀愛。總之，我們透過各種方式證明自己已然和小時候完全不同，開始嘗試新的喜好、興趣和生活圈。

在這個階段，除了探險家原型，我們的愛人者原型也開始發展，愛人者原型透過發現真愛的方式來找尋自我；這兩種原型都闡明了個體獲得心靈層面的認同。如果探險家原型占據主導地位，並且壓抑愛人者原型，個體將更在意自己的自由，排斥與他人建立親密關係，也害怕被某個人束縛。如果愛人者原型占據主導地位，並且壓抑探險家原型，那麼個體可能會願意做出一些關於結婚和未來的承諾，同時也不斷感受著理想與現實之間的拉扯。因此，在這個階段，我們需要具備愛和承諾的能力，同時保持人格獨立，沒有負擔地愛人、沒有壓力地承諾。

除此之外，壯年期通常是我們的人生達到了一個相對穩定的階段，我們在二十歲時想要的感情狀態、人際關係、工作成績已經初步實現。這時，我們在探險家原型的指引下會出現和二十歲時同樣強烈的渴望和困惑：現在的生活真的是我想要的嗎？我真的要和這個人共度餘生嗎？選擇單身真的是一個明智的決定嗎？這份工作真的有意義嗎？遠離父母真的值得嗎？成功真的是這樣的嗎？我的價值觀到底是什麼？

這些疑惑或許就是所謂「中年危機」的前兆，就像電影和小說中的情節一樣，我們再次陷入危機，開始重新審視自己的人生，重新評估生命的意義和價值，重新定義自我和理想，重新踏上探尋的道路。

探險家原型同樣會經歷三個發展階段。第一階段的探險家樂於學習、體驗、思考、冒險，透過各種真實的旅程不斷嘗試。此時的探險家還不清楚想追尋的到底是什麼，所以他們嚮往自然的空靈和神祕，對未知的一切都很好奇。

第二階段的探險家逐漸發現自己追尋的是自我提升，是自性化的過程，於是他們有了更加具體、有方向的探尋目標和計畫。這時的他們充滿雄心壯志，期待最後的自我實現，期待探尋的成功，期待能夠做到盡善盡美。第三階段的探險家則將在原來的探索積累中致力於自我的超越，同時不再受限於外在環境，將展現出更多真實和獨特的自我。

探尋的答案到底是什麼？探尋的終點在哪裡？沒有人能夠給我們答案，只有當我們靠近的時候，那個獨特的自我才會恍然大悟。

探險家是你目前的主導原型嗎？

❶我正在尋找自我提升的途徑和方法。

A 從來沒有　B 很少　C 有時　D 時常　E 總是

❷保持獨立是一件重要的事情。

A 從來沒有　B 很少　C 有時　D 時常　E 總是

❸我的內心躁動不安。

A 從來沒有　B 很少　C 有時　D 時常　E 總是

❹我覺得有一個更好的世界正在某個地方等著我。

A 從來沒有　B 很少　C 有時　D 時常　E 總是

❺我期待生命中會有更美好的事物出現。

A 從來沒有　B 很少　C 有時　D 時常　E 總是

❻對我而言，追尋的過程與結果一樣重要。

A 從來沒有　B 很少　C 有時　D 時常　E 總是

❖分數計算

選擇「A從來沒有」記爲一分，選擇「B很少」記爲二分，選擇「C有時」記爲三分，選擇「D時常」記爲四分，選擇「E總是」記爲五分。

你的最終分數是：________

❖測驗說明

如果高於十五分，那麼探險家原型可能是你當前的主導原型，請繼續閱讀下一章的內容，最終的綜合測驗結果，請見後記說明。

如果低於十五分，那麼探險家原型可能是你當前正在壓抑或忽視的原型。可能在此之前，你已完成了某個人生階段的自我提升，獲得了自我認同，在現在的人生階段，你將應對新的生命課題；也可能是你的天眞者原型、孤兒原型、英雄原型和照顧者原型還沒有準備好，導致你的自我超越無法妥善地進行。

如果你現在的年齡在十八至二十八歲之間，那麼可能你的自我認同是由愛人者原型主導實現的，但在你的內心中依舊存在著理想與現實之間的糾結；如果你現在的年齡是三十五至四十五歲之間，那麼你的內心可能對自我探索存在恐懼，錯估了自我超越有可能帶來的損失。

自我發展是我們一生的任務，探險家原型時刻都在發揮力量，沒有人能夠把我們困住，除了我們自己。

第十二章　愛人者

the lover，英文原意指得是兩種人，一個是與某個人保持肉體上的關係，或者浪漫的感情關係之人；另一個則是特別喜愛某種事物的愛好者。

作為原型，可以翻譯為情種、情人、愛人、感官主義者、狂熱分子。一般來說，我們會將情人視作是伴侶之間的關係，但是從原型的角度，情緒並不局限於伴侶之間，愛人者的「情」會影響我們如何與他人建立關係，以及如何獲得自我認同。

愛人者原型對自我探索的幫助

佛洛伊德認為，人類的生命內驅力是「本能」（instinct）。本能由人體的內部需求所產生，並且會釋放出一定的能量，而能量的多少決定了本能的強度。比如，當體內的腸胃器官釋放出能量，啟動饑餓的本能，人們就會去尋找途徑（例如：做飯、尋找餐廳、訂外送等）來滿足體內的需要。腸胃釋放出的能量越高，饑餓的感受就越強烈，本能的力量就會越大，人們去尋找食物的動力也會越強、越迅速。

本能可以劃分為兩類：「生存本能」（Eros）和「死亡本能」（Thanatos）。生存本能代表著人類的活力，是與生存、發展和愛欲有關的本能力量，能夠保護和延長人類的生命；**愛人者原型的愛和力量就來自於生存本能**。生存本能又可以劃分為「自我本能」和「性本能」。自我本能包括與生存有關的本能，例如：呼吸、饑餓、寒冷、安全、排泄等，主要作用是保護個體。性本能是與性欲和種族繁衍有關的本能，追求快感和滿足，包括「生理快感」和「精神快感」，例如：性、娛樂、擁抱等，主要作用是保護種族。與此相對，死亡本能代表人類破壞性、攻擊性、自毀性的驅力，這與反抗者原型有著密切的關聯。生存本能和死亡本能的作用相反，卻始終共存。

佛洛伊德在《超越快樂原則》（*Beyond the pleasure principle*）一書中將生存本能和古希臘神話中的愛神厄洛斯（Eros）對應起來。愛神促使了眾神的生育和相愛，是宇宙最初誕生新生命的源動力，也是一切愛欲和性欲的化身；而這也是對愛人者原型的解讀。愛人者原型掌管著人類的各種情感，例如：與父母的親情、與朋友的友情、對工作的熱情等。愛人者原型主導下的自我害怕孤獨，害怕沒有人愛自己，於是會想盡辦法努力與所愛的人、事、物維持關係。這麼做，一方面為了滿足感官上的享受，另一方面則是為了建立親密感。

然而，由生存本能所產生的愛，有時與自我是矛盾的。如果從意識層面進行理性分析，考慮到對方的相貌、家世、學識、生活經歷、社會壓力等，自我可能會得出「不應該愛上這個人」的結論。但是生存本能不會權衡這些，或許是源於潛意識層面的情結，個體就像中了愛神厄洛斯的法術一般，依舊會愛上對方。

卡蘿博士認為，那些偉大愛情故事裡的主人公所選擇的伴侶，大多都是「極不合適的」。就像英國劇作家莎士比亞曾經描寫的羅密歐與茱麗葉，他們有著家族仇恨的阻礙；中國作家金庸刻畫的楊過與小龍女，他們有著社會倫理的束縛，然而，這些故事也是最動人的。也許在現實生活中，自我會透過各種理由讓自己拒絕或接受一個愛人，但是自我卻無法控制愛是否發生。正如明代文學家湯顯祖在《牡丹亭》中寫道：「情不知所起，一往而深。」這些「不理智」的愛，往往最具誘惑力，也最令我們難以割捨。

大部分情況下，在面對來自本能的愛時，自我往往會失控，陷在愛中無法自拔。這個時候，個體就需要發展其他原型的特質來幫助自我重新整合。例如，英雄原型的特質可以幫助個體建立與他人之間的心理界限，這樣就可以在愛之中保持獨立；反抗者原型的特質能夠幫助個體及時終止依戀，避免自我深陷在痛苦和糾結中。除了借助原型的力量之外，個體還要將自己的熱愛投注到其他更多的人或事中，這樣才能收到更多愛的回饋，避免對某個人或某件事過度執著。

不論我們愛上了誰，從心理學的角度出發都建議大家先愛自己。美國自我關懷研究先驅克莉絲汀・聶夫（Kristin Neff）認為，當我們在生活中感到失望、經歷了一些失敗和痛苦的時候，對自己多一點理解和善意才能夠安撫自我，從而增強自我價值感。愛，源自我們生命的內驅力，源自我們的內心。當我們發出愛的時候，請不要忘記愛自己。

愛人者原型的陰影與沉溺

儘管愛來源於本能，但是在不同的文化背景中，人們對愛的理解和認知並不相同。人人都渴望愛，卻不知道如何正確地去愛，甚至會排斥愛。於是，愛人者原型會展現出它的陰影，帶給人們更多的苦惱，甚至傷害。

愛人者原型的第一個陰影是「否定愛的合理性」，主張禁欲，但最終被欲望所控制。生存本能是維持個體和種族存在的本能，因此，愛人者原型也具有本能欲望的特點。可是很多教義和文化對此選擇回避、躲閃，甚至否認，人們在行為上可能表現得清心寡欲，但是陰影都會引導個體出現不合理的行為表現。

男性會恐懼、嘲笑性本能的衝動，變得虛偽；也會將性衝動視為是權力和掌控的象徵，做出違反道德的極端行為，例如：強暴、性騷擾，將女性視為欲望的代表，做出各種折磨女性身心的事情。女性則會陷入錯誤的自我認知中，她們會因為自己的性別角色而感到自卑，認為自己是骯髒的，例如：對於月經感到羞恥，卻沒有意識到這是生育能力的象徵；對於性衝動感到罪惡，卻沒有發現這是所有人類的本能。她們並沒有將自己的生育能力視為一種力量，看不到自己的價值，甚至將全部的身心獻出來，就為了獲得男性的愛。

愛人者原型的第二個陰影是「過度迷戀情欲」，對親密關係過度執著，會因為與愛人分離而完全崩潰。愛人者原型滿足了生存本能追求快感的需求，因此當與人建立親密關係的時候，他們會感到快樂和滿足。然而過度沉迷於這樣的快感中，也會誘發愛人者原型的陰影。滿足快感的方式有很多種，如果人們只關注到其中一個方面，就會變得狹隘和偏執。

生活中任何人和事的發生與發展，從來不以人的主觀意志為準則。我們都曾經愛而不得：想要父母的愛，但是父母不是自己的專屬；想要戀人的愛，但是戀人卻選擇和自己分手；想去某個喜歡的地方，但是沒有時間和金錢；想要得到某個熱衷的物品，但總是得不到。甚至，由於告白被拒、求職被退、求學被阻，從而變得嫉妒、暴躁、焦慮、悲傷。不過，正所謂「發乎情，止乎禮」，愛不是占有，也不是禁錮；愛是自由的，我們迷戀的人和事，都有權利「離開」。

愛人者原型的第三個陰影是「濫情」，自詡為情聖，蠱惑他人，卻沒有真心的承諾。在這樣的陰影控制下，人們會展現出更大的吸引力，迷惑身邊的人和事。但是熱情來得快，去得也快，愛與親密只是他們不斷追尋的藉口，他們以為愛能讓自我平靜、得到自我的認同，但是卻不知道要認同什麼。因為在這一刻，愛人者原型並沒有真的發揮作用，而是探險家原型在發揮主導力量。因此，他們不停地愛，卻又不停地離開；無法做出長久的承諾，自詡為「情聖」，但實際上卻是一個「濫情者」。

愛人者原型的沉溺特質是親密，其沉溺行為是建立各種關係（包括性關係）。與各種人、事、物之間建立和保持緊密的關係會讓人們感到舒適，但是如果自我仍處於發展之中，那麼就會陷在這種「愛」中無法自拔，甚至迷失自己。愛人者原型的力量一直幫助人們透過各種關係獲得自我認同，但**親密關係只是自我認同的方式，並不是自我認同的結果。**

愛人者原型的代表人物

愛人者原型的代表人物是李安和甘地。

李安，著名導演，獲獎無數，他曾獲得兩次奧斯卡最佳導演獎、美國導演工會終身成就獎、英國電影學院獎終身成就獎、法國文化藝術騎士勳章、金棕櫚獎、金馬獎、金像獎等，李安導演的愛人者原型特質都展現在他指導的電影中，涉及各式各樣的情，也摻雜了各式各樣的欲。

電影是導演的表達，也是導演內心的投射。在李安導演的作品中充滿細膩的情感，也有有違常理的感情衝突，例如：在《飲食男女》中父親愛上了女兒的同學，《喜宴》中的同性相戀，《臥虎藏龍》中信奉道義的師父所壓抑的愛與占有欲等。愛建立了人與人之間的連接，也讓人們在這樣的情感中獲得對自我的認同。也許電影中的主角並不全是李安導演的化身，但卻是我們每個人都會面臨的困惑。

除此之外，印度民族解放運動領袖甘地展現了愛人者原型的最高階段狀態。在印度成為英國殖民地的時期，甘地先後發起了三次大規模的反抗英國殖民地征服的運動。

甘地推行「非暴力」的理念，他認為愛是人的本性，愛能夠戰勝一切的惡，感化一切惡的行為。即使對待仇敵，人們也要保持愛的本性，因此在爭取民族獨立的過程中，甘地堅持精神運動，而不是武裝運動。他與那些勇猛的革命者不同，看上去很瘦弱，並總是帶著笑容。

此外，甘地也非常反對傳統印度教中對人們進行的種姓制度，於是他創辦報紙，改善教義中歸類的「賤民」（印度教種姓制度中所規定的最污穢、沒有人權的種姓）的生活、收養「賤民」的子女。對於印度人民而言，甘地在爭取和宣揚的不僅是民族的獨立，還有信仰層面的真正自由。

不論是李安導演在作品中所展現的人與人之間的「小愛」，還是甘地在宣揚的「大愛」，都是自我在愛人者原型的驅力下所進行的整合。

如何喚醒愛人者原型？

愛能夠緩解人們在與世界建立連接的過程中，所產生的各種問題。體驗愛，並將愛的範圍擴大，是伴隨每個人成長過程的又一個生命任務。人們最初體驗到的是與養育者之間的愛，之後又把愛延展到自己的物品、朋友、喜好、愛人和理想中。愛包含了許多層面，有母性的愛、情欲的愛、精神的愛；愛有很多角度，有關於個人的小愛，關於世界的大愛；愛也有很多立場，恨鐵不成鋼是愛，刀子嘴豆腐心也是愛。

愛人者原型的第一階段，是追求更多的生理愉悅和更浪漫的戀情。他們沉浸在由本能和快感中所得到的滿足和樂趣中，認為世界上存在唯一最愛的人、最理想的工作、最美好的生活，以及最幸福的經歷。

愛人者原型的第二階段是願意為愛獻身，做出承諾，全心全意地對待某人或某事。他們會與愛的人結婚，會致力於喜愛的事業，會為熱衷的事投入時間和精力。他們期待在這個過程中能夠得到幸福，也願意為所愛的人和事獻出自己的一切。

愛人者原型的第三階段是無條件地接納自我，整合自我和精神、意識與潛意識，獲得精神之愛，擁有高峰經驗（peak experience）。美國臨床心理學家亞伯特・艾利斯（Albert Ellis）曾經問過這樣一個問題：你的行為可以代表你嗎？答案是：不可以。

假設有一個志工參與的活動，你沒有報名，你會認為自己是一個不善良的人嗎？當然不是，因為善良的表現方式有很多種，做志工活動的次數，僅只代表做志工活動的次數而已。同樣地，某次考試成功或是失敗，也只代表你那次考試的成績，不代表你是否認真，是否有能力。

可是，**人們總是對自己做出絕對的判斷，因為一次或幾次的行為，就判定自己「好」或「不好」，這樣的判斷很快速、很方便，卻會導致我們「有條件」的接納自己。**記得，不論我們做了什麼，都不能和我們這個人畫等號，也不影響我們對自我的認同，自我價值更不會因此而改變——這就是無條件的自我接納，也是愛自己的重要前提。

愛人者原型指引下的最高階段的愛就是我們的內在整合：不但能無條件的愛自己，也無條件的愛著這個世界、愛著所有人，獲得精神之愛。這需要借助完全熱烈的愛和良好的道德共同合作。

心理學研究發現，愛一個人其實是一種投射，對方的身上具有我們心靈深處所嚮往的正向特質；那種冥冥之中的吸引，或許是自我的一種共鳴。如果放在情侶關係之中，我們愛上一個異性，其實愛上的是自己內在的異性特質，即自己的阿尼瑪或阿尼瑪斯。在不同的人生階段，阿尼瑪和阿尼瑪斯也有變化，詳細內容可以回顧第三章。如果放在師生關係中，學生對導師的崇敬則源自一直探尋的內在自我，這將是學生的成長方向。

愛人者是你目前的主導原型嗎？

❶ 我覺得自己是性感的。
A 從來沒有 B 很少 C 有時 D 時常 E 總是

❷ 我贊同這句話：「與其從未愛過，寧可曾經愛過卻無法相守。」
A 從來沒有 B 很少 C 有時 D 時常 E 總是

❸ 我欣然接受並擁抱生命。
A 從來沒有 B 很少 C 有時 D 時常 E 總是

❹ 我的人際關係讓我感到歡喜和滿足。
A 從來沒有 B 很少 C 有時 D 時常 E 總是

❺ 我願意與不同的人建立關係的連接。
A 從來沒有 B 很少 C 有時 D 時常 E 總是

❻ 我經常對人們充滿好感。
A 從來沒有 B 很少 C 有時 D 時常 E 總是

❖分數計算

選擇「A從來沒有」記爲一分，選擇「B很少」記爲二分，選擇「C有時」記爲三分，選擇「D時常」記爲四分，選擇「E總是」記爲五分。

你的最終分數是：＿＿＿＿

❖測驗說明

如果高於十五分，那麼愛人者原型有可能是你當前的主導原型，請繼續閱讀下一章的內容，最終的綜合測驗結果，請見後記說明。如果低於十五分，那麼愛人者原型可能是你現在正在忽視或壓抑的原型，這其中的原因可能有二：

其一，如果你已經超過十六歲，那麼你所成長的文化環境中對愛與欲是比較克制的，或者是排斥且回避的，覺察一下自己是否已經出現愛人者原型的陰影。其二，在之前的生活經歷中，你已經透過愛獲得了自我認同，並投入到新的生命課題中，因此會刻意回避愛人者原型的特質。

接下來，請將探險家原型的測驗分數和愛人者原型的測驗分數加總，如果總分超過四十四分，並且你的年齡在十八至二十八歲之間，表示你正在使用探險家原型和愛人者原型尋求自我認同。如果總分小於四十四分，可以閱讀後記中的說明。

探險家原型得分：＿＿＿＿

愛人者原型得分：＿＿＿＿

探險家原型＋愛人者原型得分：＿＿＿＿

兩個原型中分數更高的那個是你在自我認同過程中的主導原型：如果探險家原型更高，你的自我認同方式是自由地冒險與嘗試；如果愛人者原型更高，你的自我認同方式是愛。然而，不論哪一種原型是主導，自我認同都是不完整的。

如果探險家原型和愛人者原型的總分相同，則表示兩種原型正在你的內心中對抗，或是已經達到融合。如果正在對抗，你將會迷茫猶豫、孤單且無法安定。只有將兩個原型融合，才能讓自己眞正獲得認同，即：尋找到一個自由、可以表達眞實自己的地方。在那裡，我們可以誠實地面對心中的熱愛，也可以坦然地做出眞正的承諾。

在所有的親密關係中，任何的隱瞞或壓抑都是關係的隱患，畢竟沒有人能猜透你，畢竟我們還沒有眞的到達無條件的自我接納階段。爲此，坦誠是最重要的，你的愛與擔憂，你的安定與猶疑，你的好的行爲和不好的行爲，都可以用來分享和分擔。

第十三章　反抗者

the destroyer，英文原意是指能夠發揮出摧毀或破壞作用的人或事；作為原型，可翻譯為反抗者、反叛者、破壞者、亡命之徒、法外之徒。

在中文的語境中，反抗、破壞、摧毀都帶有負面的意思，通常指向對美好事物的損壞。但是反叛者原型是指自我層面的突破和蛻變，且不存在「好」或「壞」的區別，更強調的是不可阻擋的力量。

反抗者原型對自我探索的幫助

「『生存本能』和『死亡本能』都是人類生命中強烈且無法抗拒的力量。」反抗者原型的能量，來自於佛洛伊德本能論中的死亡本能。

佛洛伊德認為，每個人身上都有一種與攻擊、破壞、摧毀有關的衝動，他稱之為「死亡本能」，並引用古希臘神話中的死神桑納托斯（Thanatos）與之對應。桑納托斯平時居住在冥界，個性冷酷且殘暴，外表也十分恐怖。他會悄悄地走近一個人，再把他的屍體運回冥界。桑納托斯常被提及的一個故事是關於他被薛西弗斯（Sisyphus）戲要；薛西弗斯是古希臘神話中最聰明狡猾的人，當桑納托斯奉命來殺死他的時候，他反而讓桑納托斯戴上了鐐銬，從此人間再也沒有死亡。當然故事的最後，桑納托斯重獲自由，薛西弗斯遭到眾神的懲罰。

人們對死神的想像，就是對死亡的感受。死亡神祕且令人恐懼，但人們可以利用智慧暫時躲避死亡的威脅。我們是如此地渴望生，渴望快樂，排斥死亡，但是在這個世界上，我們唯一能確定的事情就是死亡。基本上，死亡本能在每個人的身上都有兩種表現形式——一種是向內的投射，一種是向外的投射。向內投射時，人們會變得自我譴責、自我懲罰、自我痛恨，甚至自我毀滅，做出輕生舉動；向外投射時，人們會對他人實施侵略、攻擊、挑釁和破壞，發動謾罵、爭吵，甚至是戰爭。佛洛伊德認為，這種向外的投射其實是人們在避免死亡本能的威脅。

不過，借助死亡本能的驅力，反抗者原型能幫助自我尋求突破。反抗者原型的特質就是成長與改變，顛覆與反抗，夢想破舊立新，打破一切束縛自由、腐敗、無效的規則。自我的發展過程並不會一帆風順，我們會看到一些不公平，也會經歷一些不公正。反抗者原型會透過破壞性的行動來保護自我免受傷害，有時也會對自我發起攻擊，迫使自我去探尋更深的階段，最終成長為一個全新的自我。

結合現實中的情境，當人們遭受海嘯、饑荒、瘟疫、虐待、侵害、侮辱的時候，有的人會借用因果論解釋這一切。所謂「善有善報，惡有惡報」，現在的一切都是過去所種下的錯誤的因，所以才有了今天糟糕的果。因為不愛護環境，因為某個行為，因為不應該，因為前世的「業障」等，他們得出一個便捷的結論：都是XX的錯。

以因果論解釋無妄之災看似合理，但其實這是一種思維定勢（Thinking Set）。世間的每件事都是紛繁雜亂地交織在一起，我們無法只理出一條線，也無法找到準確的一個因，所以，不論遭遇什麼樣的災難，我們都要暫時放下對原因的糾結，不再執著於尋找誰對誰錯，這樣就不會被災難中的死亡威脅和不義之事所擊垮。因為我們在這些災難經歷面前所感受到的恐懼、憤怒、仇恨，其實都源自死亡本能，而不是災難本身。反抗者原型協助我們去思考和尋找災難經歷背後的意義，這樣自我才會獲得新生。

這個意義的探尋，並不是在修飾這些經歷，心理學家只是想告訴大家：**人生無常，對於遇到的人、經歷的事情，我們無法選擇，也無法掌控，但是卻可以調整內在的自我。**當自我感到絕望、痛苦難熬、懊悔，想要自我毀滅的時候，這只是我們內心深處的衝動被激發了而已。只要自我將這種衝動轉化為內在探索的動力，我們就會變成一個全新的我。這個轉化的過程或許要很久，但這就是蛻變、就是置之死地而後生，也是反抗者原型要告訴我們的真相。

卡蘿博士曾經寫道：「只有願意面對自己的痛苦，才可能體驗到快樂；只有願意面對自己的無知，才有獲得智慧的機會；只有經歷孤寂，才可能體會到愛。」

反抗者原型的陰影與沉溺

我們有時候被這個世界照顧得太好了，我們不喜歡什麼，就會盡力在環境中避免什麼，不論這種避免是否有必要。東漢名家趙岐在《孟子注疏》中記錄了孟母三遷的故事：孟母為了避免孟子被周圍環境中的不良因素影響，搬家三次，最終定居在學堂邊。這個故事講述的是母親對孩子的殷切期望和付出，時至今日依舊被許多家長傳頌和模仿——不希望孩子沉迷電子產品，所以藏起手機和電腦；不希望孩子出現危險，所以限制零用錢和出遊計畫；不希望孩子經歷黑暗和死亡，所以禁止孩子接觸相關的真相。

然而，這樣的禁止並沒有真的為孩子規避一切風險，相反地，孩子就像是溫室裡沒有經歷過風雨的花朵，難以承受真實的風吹雨打。在我們的意識中，那些被否定的事情往往會控制我們：不要吃甜食，可是進到商店最先看到的就是甜食；不要沉迷電子產品，但是一停下來就會尋找手機和電腦；不願面對死亡本能，卻被死亡本能掌控、被反抗者原型的陰影所掌控。因為一個未發展完全的自我是脆弱的，而反抗者原型的陰影指向兩個方向，一個是毀滅自我的行為，一個是毀滅他人的行為。

「毀滅自我的行為」包括一切損傷自己身體或心理的行為，例如：酗酒、吸煙、毒癮、自殘、輕生、破壞親密關係、破壞自己的事業、貶低自尊等。可能很多人會認為，只有愚蠢或病態的人才會做出這種損傷自己的事情，但實際上我們每個人都可能去做。例如，明知道吸菸有害健康，醫生也無數次告誡要戒菸，但就是控制不住；早就知道熬夜會破壞內在的生理平衡，加速衰老，但深夜還是一直在滑手機，即使滑不到什麼感興趣的內容；知道逃稅漏稅、投機取巧違法，依舊以身犯險，拿事業和未來去賭。至於「毀滅他人的行為」則包括精神層面和行為層面的虐待，例如：謀殺、強暴、侵略、誹謗、中傷等。這類毀滅他人的行為可能是有意識發生的，也可能是在無意識中發生的。

反抗者的陰影總是可怕的，但恐懼的根源在於我們只看到了陰影的破壞力，卻沒有看到它也是一種新生；不必擔心自己的破壞力，也不要拒絕承認對自己或他人所造成的傷害，如此才能終止各種毀滅行為，否則，反抗者原型會將我們變成一個邪惡的人，讓我們無法控制自己的衝動，從而失去道德感和自制力，最終只能走向毀滅。

反抗者原型的沉溺特質是毀滅，其沉溺行為是自毀習慣，極端情況下甚至會輕生。他們習慣破壞所有關係，習慣對抗所有人與所有事，對「毀滅」成癮。反抗者原型的積極特質越少，人們就越容易被陰影控制，出現毀滅性行為，卻缺少對行為意義的思考。他們會追捧某種叛逆行為，並不是在發展反抗者原型的特質，而是被反抗者原型的陰影給綁架了。在認清每個原型的內在力量之後，只有反思自己的行為和自我狀態，才能脫離陰影，邁向心靈的成長。

反抗者原型的代表人物

畢卡索（Pablo Ruiz Picasso）是西班牙畫家，二十世紀現代藝術的代表人物之一，在有生之年就見證自己的畫作被收藏進最富盛名的博物館——羅浮宮。

反抗者原型的特質充分表現在畢卡索的創作中；他一生完成了三萬多件的繪畫和雕塑作品、經歷了八個風格迥異的創作階段，他的畫風一直在打破既有的藝術規則。

在最早年階段，畢卡索的畫風是寫實、色彩柔和的，畢卡索說自己十三歲時畫的畫像拉斐爾一樣安寧和諧。二十歲左右時，畢卡索看到了現實生活的疾苦，他的畫風開始充滿大量憂鬱的藍色，具有一種批判現實主義的特點。幾年之後，畢卡索陷入戀愛之中，畫中出現輕快、粉紅色的年輕女孩。到了二十六歲時，畢卡索的畫作開始突破文藝復興以來的傳統繪畫方式，使用幾何化的平面來表現人體，拋棄寫實，希望透過強化變形的方式，增加畫作表象對人們的吸引力。接著，畢卡索創立了繪畫中的立體主義，改變傳統畫作的單一固定視點，將物體本身和抽象的結構拼貼起來，使用多重透視。

在畢卡索一九一一年的畫作《彈曼陀鈴的男人》（*Man with Mandolin*）中，男人和曼陀鈴都是抽象的褐色碎片，只有跟隨其中的標誌物才能慢慢發現畫中的形象。隨後，畢卡索的畫作又進入超現實主義時期，畫作更加夢幻。到了晚年，畢卡索將之前的立體主義、超現實主義和現實主義的手法融匯、結合，進入了嶄新的創作階段。

畢卡索是一個天才畫家，他在成長過程中受到許多知名畫家的影響，他的才華也不斷地引導他進行重構，一次又一次地突破已有的繪畫規範。榮格相信，藝術創作中蘊含著集體潛意識的表達，而畢卡索的作品其實也是他不同時期的自我表達。在畢卡索的作品中，人們看到了一次一次對傳統的突破、一次一次衝破已有的典範、一次一次蛻變；那些共鳴或許就來源於自我尋求突破的渴望，來源於我們的集體潛意識。

如何喚醒反抗者原型？

當自我還沒有發展完全時，為了保護自己，自我會啟動一些機制，將過去所遭受到的身體和情感上的「虐待」暫時封印起來。反之，當內在自我認為自己有了一定的力量、能夠面對過去的經歷而不崩潰的時候，這些感受就會慢慢地出現。如果這些感受擾亂了現在的工作和生活，就建議找專業的心理治療師或諮詢師；如果這些尚在自我的承受範圍之內，那麼我們的反抗者原型就會慢慢發揮出作用。

我們第一次感受到反抗者原型的力量，是第一次經歷生活的棒喝。我們可能因為某則災難報導意識到了生命的無常，可能親歷某位相識的人深陷生與死的掙扎，可能看到世間的不公與不義，可能正經歷命運的捉弄。那一瞬間，我們是脆弱、無助的，想要抗爭，想要躲避，會猶疑，會不知所措。

如果你還沒有過這樣的經歷，不妨進行一個心理遊戲：

準備一張紙和一支筆，然後找到一個安靜的地方，躺下來，深呼吸，讓自己逐漸平靜下來，確認房間中沒有聲音，也沒有音樂，閉上眼睛，簡單回顧一下自己的人生：在哪裡出生？在哪裡長大？在哪裡讀書？在哪裡工作。什麼時候戀愛？什麼時候升職？身體狀態如何……？繼續保持閉眼的狀態，並假設「現在的你已經死去，你正躺在自己的墓地裡；這時，你希望是誰站在你的墓碑前，你的墓誌銘上會寫著什麼？」

想好之後睜開眼睛，把你的墓誌銘寫下來。接著，再回答兩個問題：如果知道自己今天就會死去，你最後悔昨天沒有做什麼？如果你的死亡日期是明天，現在的你會做些什麼？

儘管死亡是確定的，但我們卻不可能知道是哪一天，或以哪種方式死去。我們在面對生命中的重要時刻、做出重要決定的時候，如果能夠想到死亡，就能夠喚醒反抗者原型的力量，如此一來其結果一定會有所不同。反抗者原型的恩賜是謙遜不狂妄，能夠接受和面對一切失去，並找到背後的正面意義。因為當我們面對的是死亡本能本身，而不是對死亡的恐懼時，我們會更加小心和慎重，而非不管不顧。

四十歲到六十歲，是人生的中壯年期。這時，我們的生活往往是穩定的，如果不幸發生轉變，那麼這個轉變就需要由反抗者原型和創造者原型共同完成。這個時候，我們有了一些積累，對生命也將會有新的認同。這不同於探險家原型和愛人者原型在青春期後期對我們的指引，人們會發現生活中所擁有的很多東西都是多餘、不必要的。

在此人生階段，**人們在反抗者原型和創造者原型的指引下會重新認識「真實」和「虛偽」**。年輕時所設定的目標和追求的結果，在此時可能會發生轉變。人們會用一種意想不到、打破常規的方式再度驗證內心的價值觀。比如，你可能會離職轉行，做一件完全沒有經歷過的事情。在其他人的眼中，你是衝動的，卻不知這是反抗者原型的主導，我們只是轉換了另外一種方式實現自我的再次超越。這時，放棄一些原本擁有、已經得到的東西是容易的，但再次找到新的認同，完成創造者原型的任務卻是不容易的。

反抗者原型有三個發展階段。在第一階段時，他們會對生命和所在的團體產生困惑，體會到失落和痛苦。他們一直以來遵循的方式，一直以來認為不會變化的事物，突然之間就發生了變化。生命會終結，規則有漏洞，他們可能見證或親歷了痛苦與悲劇。面對這種情況，一開始他們否認一切，認為這不可能發生。就像在經歷痛苦的時候，第一個念頭就是：這要是一場夢就好了。而這個階段的反抗者原型更多的是思考關於苦難的意義，思考關於死亡的意義，思考關於悲劇的意義。

到了第二階段，反抗者原型會引導自我接受這些痛苦，接受死亡的必然。世界上不存在時光倒流的魔法，也不可能讓已經發生的事情消失。時間只會推著個體去面對，去接受這些苦痛，並且體會失望和那些無力感。反抗者原型的能量會繼續傳遞，讓個體不會止步於消沉，而是產生去做一些事情的衝動。因此，這個階段的反抗者原型有時會主導個體做出一些意想不到，甚至驚世駭俗的行為。

進入第三階段，反抗者原型的力量能幫助個體做出更積極的選擇，個體行為的「破」與精神層面的「立」會相互呼應。反抗者原型與英雄原型不同，它並不是為了征戰，而是為了打破束縛。這時的自我將重新理解生命中的人和事，主動放下那些對自我發展沒有正向作用的事，同時更加堅定地選擇對自我價值更有意義的事。

反抗者是你目前的主導原型嗎?

❶ 生命中的變化太多，我感到迷失了方向。
A 從來沒有　B 很少　C 有時　D 時常　E 總是

❷ 我讓其他人感到失望。
A 從來沒有　B 很少　C 有時　D 時常　E 總是

❸ 我不再是我曾經以爲的自己。
A 從來沒有　B 很少　C 有時　D 時常　E 總是

❹ 我會捨棄那些不再適合自己的事情。
A 從來沒有　B 很少　C 有時　D 時常　E 總是

❺ 我並非爲了實現自己的期待而活。
A 從來沒有　B 很少　C 有時　D 時常　E 總是

❻ 我覺得自己想要突破某些事情。
A 從來沒有　B 很少　C 有時　D 時常　E 總是

❖分數計算

選擇「A 從來沒有」記爲一分，選擇「B 很少」記爲二分，選擇「C 有時」記爲三分，選擇「D 時常」記爲四分，選擇「E 總是」記爲五分。

你的最終分數是：＿＿＿＿

❖測驗說明

如果高於十五分，那麼反抗者原型可能是你當前的主導原型，請繼續閱讀下一章的內容，最終的綜合測驗結果，請見後記說明。

如果低於十五分，那麼反抗者原型可能是你當前正在壓抑或忽視的原型。

其中的原因有二：

其一，你之前已經展現過太多反抗者原型的特質，完成了自我的蛻變，所以刻意忽略了這個力量。其二，你在目前的生活中可能還沒有經歷與死亡或毀滅有關的事件。如果你已經歷過相關的事件，那麼你對死亡本能的恐懼和排斥比較強烈，需要覺察一下生活中是否已經出現了自我毀滅或者毀滅他人的行爲。當出現虐待、自殘、輕生等危及生命安全的事情時，請務必與你的緊急連絡人溝通，並尋找專業心理治療師的協助，直接面對反抗者原型才能獲得重生。

第十四章　創造者

the creator，英文原意是指製作出某個物品的人，或者將某個想法實現的人；在宗教中也指造物主。作為原型，則可以翻譯為創造者。

創造者原型可以激發我們內心深處的想像力和創造力，其中，特別強調將兩者結合，是一種「凡是能夠想到的，都能夠製作出來」的潛力。不過這種創造發生在潛意識層面，而並非簡單製作某個物品的能力，換言之，這樣的創造，是指協助自我探索真正的同一性。

創造者原型對自我探索的幫助

一八五九年，英國生物學家達爾文（Charles Darwin）在《物種起源》（*On the Origin of Species*）一書中用「生物進化論」論證了千萬年來生物的起源和發展的規律。這個理論受到各界科學家的支持和推廣，但是這並不妨礙關於造物主的傳說在各種文明中繼續流傳。

比如在中華文明中，盤古開天闢地後，雙眼化作太陽和月亮，身軀化作高山，血液化作河流，毛髮化作森林，之後，女媧按照自己的樣子用泥土造出了人類。在基督教的教義中，神用七天完成創世，依次創造出光、水、星辰、植被等，最後創造了動物和人類。在蘇美文明中，天神創造出眾多神靈，然後創造出植物神、穀神、畜神等來幫助眾神能夠吃到麵包、鮮奶和肉類，之後，在眾神之母、生育之神和智慧之神的合作下創造出了人類。

二十世紀六〇年代，英國科學家詹姆士．洛夫洛克（James Lovelock）提出了一個假說：地球是一個有自我意識的生命體，地球上的一切都是這個生命體的一部分。人類之於地球，就像寄生細菌之於人類，地球具有強大的自我調節能力。生態迴圈就如同人類的新陳代謝，火山爆發、海嘯、歲月的變遷都是地球本身強大修復能力的體現。

我們對這些傳說、假說和理論感到好奇，因為在潛意識中我們與「造物主們」有著共通之處：想要努力提升和進化、想要發揮出自我的創造力，也就是說，造物主只是自我想要改寫命運的投射而已。就像傳說中造物主透過各種不同的方式（例如：軀體、語言和智慧等）進行創造，我們也在努力尋找創造的方式——創造者原型的力量一直蘊藏在自我之中。創造者原型的特質是拒絕常規、反對守舊，喜歡發明和創新，永遠前進，追求破舊立新和超越自我，透過創造過程表達和重塑自我。

然而內在自我的創造力實現，往往會受到外在環境的影響，從而導致我們無法按照真正的意願進行。比如，每當我們想要尋求一些自我突破時，周圍便會籠罩起一些聲音：「這樣做真的好嗎？」、「會不會不夠女人味？」、「是不是太沒有男子氣概了？」、「太出風頭了」、「這不符合你的個性呀」、「這樣對你不是利益最大化呀」……，這些規範和世俗標準會成為自我身上的繩索，讓自我在行動的過程中不斷感受到兩種情緒的交替——「突破自我的狂喜」和「外在質疑的惶恐」。

畢竟，在過往的成長之路上，天真者原型協調自我努力順應世俗的規範，好讓自己被團隊所接受，而現在創造者原型則指引自我突破原本的社會角色限制，讓自己摘下「睿智理性的成功人士」、「溫柔可人的乖女兒」、「充滿童趣的父母」等面具，展現出最真實的自我。這不僅需要勇氣，也需要有充足的自信。通常這樣的勇氣來源於英雄原型和探險家原型，但是英雄原型的目標是藉由戰鬥重新建立心理的邊界，幫助自我去征服，尋找到一片適合的疆域，而探險家原型的目標是持續地前進與超越；然而，以上這些都無法解答那個最真正的自我是什麼。

唯有創造者原型能喚醒自我真正的同一性，為生命帶來新的活力。「自我同一性」（Personal Identity）是由美國心理學家愛瑞克森（Erik Homburger Erikson）所提出，是指在「應當成為什麼樣的人」和「不期望成為什麼樣的人」之間，重新確定一個新的自我。在這個過程中，人們會重新確認與自我發展有關的一些問題，例如：理想和價值觀。確立自我同一性的前提是對自己有著充分的認知和瞭解，而創造者原型會引導自我將過去、現在和未來整合成一個有機的整體。

創造者原型的陰影與沉溺

創造並不是一個簡單、容易的過程，需要從無到有，從有到精，更需要智慧、靈感和支援。但是在真實的生活環境中，創造往往是被約束和限制的，因此，創造者的陰影將會出現並製造危機。

創造者原型的第一個陰影是「創造力被限制，無法發揮作用，自我感到無力和失望，有一種被命運操控的感覺，並且開始放棄行動，也不想為自己的行為負責。」人們常常將被限制和被操縱歸因於更大層面的社會制度和環境要求，但這並不一定都是真相。儘管我們生活在種種規則之中，**但是很多規則並不是客觀存在，而是主觀上的約定俗成。只要我們願意，每個人都可以摸索到適合自己的生活方式。**如果我們一味歸咎於環境，過分關注規則的限制，其結果就是擴大創造者原型的陰影——喪失想像力、創造力，以及自我的主動性。

創造者原型的第二個陰影是「強迫去構建各種可能性，強迫自我去創造，但其實只是在用一些不重要的計畫填滿內在的空虛感」，好比個體總是看似忙碌，但其實對創造沒有任何正向作用。任何原型的出現都是自我成長的必然，但是當自我還沒有得到完整的發展時，即使個體感受到內心的渴求，也無法找到正確的途徑。他們雖然看上去像是一個工作狂，手邊有各種計畫需要執行，實際上卻是在做無用功，從來沒有真的完成過任何計畫。他們看不到「自己正在做的事」和「真正想做的事」之間有任何關聯，完全是遵循著創造的本能去嘗試，忽略自我的需求與所處的現實情境。此刻的自我每天都感覺到被催促，他們越忙碌，就越焦慮和空虛。

創造者原型的第三個陰影是「人生過度戲劇化，就像是一齣八點檔的肥皂劇」。如果內在的自我無法融合，那麼個體的行為也無法統一。他們看上去很善變，無論是喜歡的人或事，想達成的目標和規則總是充滿變化。每一次都滿心期待，卻每一次都不了了之。有時候，他們無法做到隨時做出新的決定，也會寄情於戲劇化的影視作品；這或許就是人們這麼喜歡追劇，並隨著宣傳風向見一個愛一個的原因。

創造者原型的第四個陰影是「故意製造負面的環境，限制自我尋找到真實的答案，限制創造的機會」。如果自我的能量不足，創造者原型就會被壓抑，即使外在的環境是包容、支持的，人們也會變得退縮和猶豫，拒絕種種機會。當出現靈感的時候，他們想到的是困難和不可行性，不願付出實踐，陷在自我的迷茫中，沒有力氣找尋出路。

創造者原型的沉溺特質是癡迷、執念和強迫，其沉溺行為是工作和創新。當人們被創造者原型控制的時候，會陷入對創造的執念，就像是一個超級發明家一樣，對創造的過程和結果有著不合理的執著，但這個時候的自我並不會得到發展，而是處於一種被綁架的狀態。

想像力與創造力一直是我們推崇的正向特質，但是在運用的時候不要離開創造者原型的核心力量，否則，自我將成為「瘋狂發明家」的瘋狂產物。

創造者原型的代表人物

達爾文，英國生物學家、博物學家，進化論的奠基人。

達爾文出生在醫學世家，曾經就讀於英國頂尖的醫學院和神學院。二十二歲的時候，他參加了一次環球航海探險。原本，達爾文的父親希望他能夠增長見聞，以便對於未來從事神職工作有更好的幫助。

在這五年的航行中，達爾文觀察了世界各地的動物、植物和地質，寫下了十八本觀察日記、十三本地質研究日誌和四本動物日記，也帶回來很多標本。之後，他就開始進一步思考和研究，發現動物和植物都曾隨著時間發生過變化，並且還在持續變化中。這表示生物並不是像《聖經》中寫的那樣，是在七天的時間裡被創造出來的。

一八四二年，達爾文把關於生物進化的理論寫成了一本書——《物種起源》，但是他只在朋友和親人之間傳閱，並沒有著急發表。因為關於生物的起源，當時的英國主流文化推崇的是宗教教義中的神創論。達爾文的生物進化論儘管具有實證依據，但同時也顛覆傳統。因此，即便所有看過這本書稿的人都認同達爾文的結論，但也都不贊同他出版。

直到有一天，達爾文遇到了英國人類學家華萊士（Alfred Russel Wallace），他也曾經環球旅行，還在旅行中觀察了各個原始部落中的人類行為。他同樣贊同達爾文的進化論理論，並主動提出幫助達爾文完善其中可能引起主流文化抨擊的人類發展的部分內容。於是，一八五九年，達爾文正式出版了這本《物種起源》，並迅速且順利地被大眾所接納，避免了很多的阻力和質疑。

達爾文的創造力和想像力離不開創造者原型的內在驅動，而這不僅幫助達爾文完成了關於生物起源與進化的開創性思考，也讓他在動植物學領域、地質學領域都有相當突出的表現和貢獻。

例如，達爾文陸續將自己的地質觀察和植物觀察結果發表，出版了《珊瑚礁的結構與分布》（*The Structure and Distribution of Coral Reefs*，一八四二年）、《火山群島的地質觀察》（*Geological Observations of Volcanic Islands*，一八四四年）、《藤壺科與花籠科》（*A Monograph on the Fossil Balanidæ and Verrucidæ of Great Britain*，一八五四年）等。

如何喚醒創造者原型？

對自己真誠、傾聽內在的聲音，就會發現自己真正想要做的事情是什麼。正視內心的不安全感，去掉複雜的偽裝，超越外表、身分和社會角色的要求，我們才能抵達內心最深處，才能知道自己是誰，才有機會讓自我發展出真正的創造者原型特質。

創造者原型的發展有三個階段：

第一階段，個體願意打開內心，感受所有的靈感、幻想和意象；這時個體的創造力是被動的，也是在不知不覺中發生的，他們可能做出一些與真實自我有關的行動，但一旦感覺到環境中的質疑，他們就會本能地躲避或否認正在做的事。即使聽到環境中的支持，他們也會驚慌失措。這個時候，他們還無法理解創造者原型的正向意義。

第二階段，個體逐漸知道自己真正想做的事情和想要達成的目標，開始對創造的結果有所期待。這時候的創造是主動發生的，個體也會期待能夠將自己的理想付諸實現。卡蘿博士認為，自我在經歷過反抗者原型和愛人者原型的發展後，會獲得對生命謙遜的特質。個體開始追求真正的自我同一性，追求精神層面的創造力和想像力，更加注重心靈階段的發展。因此，個體會主動發揮創造者原型的恩賜——想像力。自我的創造並不是一個輕鬆的過程，但這時的個體會努力去克服，甚至調動英雄原型的力量，積極地將「想到」轉化為「得到」。

第三階段，個體跟隨內心最真實的靈感去創造自我，切實地體驗這個新創造出來的自我，完成自性化，讓夢想變成現實。這個階段是創造者原型的最高階段，這時的自我完全隨心所欲，只跟隨最真實的本心去行動和生活，同時內心和外在的融合上完全沒有阻礙。此刻的自我達成了最終的同一性，並且重新掌控個體的命運。心理學家們認為，很少有人可以達到這個境界，大部分的人能夠做到的是盡自己最大的能力，用更真實的自我影響生命的方向。

如果我們能夠認清自我最本真的智慧，完成自性化，並且去實踐內心的渴望，那麼我們不僅能夠更好地成為自己，同時也會創造出一個更好的世界。

其實在我們還是一個小孩子的時候，創造者原型就已經被喚醒了。創造者原型與我們的想像力和創造力的發展有著密切的關聯。這些能力似乎總是隨著年齡的增長而慢慢減弱，然而，這並不意味著我們只能任其消失。

美國正向心理學家馬汀・塞利格曼（Martin E. P. Seligman）認為，創造力是每個人都具備的一種正向特質，只是在不同的人身上所呈現的程度不同。一些日常的練習能夠幫助我們增加創造力的展現。例如，進行一些藝術性的活動——參觀美術館，欣賞平時很少接觸的音樂種類，報名藝術類課程，做一些藝術創作的嘗試，去寫詩、雕塑、拍攝。做這些並不是為了提升技能，而是可以體驗藝術的想像力和創意。

在整理房間的時候，著重考慮那些一直閒置在櫃子裡的書，或是想要丟棄的東西是否有新的用途；購買一個手工製品，自己動手，嘗試組裝一下；明天出門的時候，選擇一身從未搭配在一起過的衣服和鞋子，感受一下會是怎樣的效果。

對於自己擅長的事情，嘗試靜靜地觀察一下其他人是怎麼進行的？你們不同的地方是什麼？這給你帶來的啟發是什麼？注意，不要在他人操作的時候評價或說話，總結的時候也不要挑他人的毛病。

抬起頭，仔細觀察一下視野中離你最近的一樣物品。如果發生了地震，它可以發揮什麼用途？除了它本身的功用，是不是還可以有其他用途？越打破常規越好。

最後，開一個腦洞：想像一下，有一天你擁有了某種超能力，會是什麼？如果這個超能力只能維持一個小時，你要做什麼？如果只能維持一天，你又會做什麼？

現在，有沒有感覺到創造力的萌動？創造需要靈感和行動，需要親身去做。當把「設想」變成「現實」，將想像中的一切呈現出來時，我們的內心就會被滿足感、幸福感和成就感所充盈，而這就是創造者原型送給我們的力量。

創造者是你目前的主導原型嗎？

❶ 不論身在何處，我都盡可能保持眞實。

A 從來沒有　B 很少　C 有時　D 時常　E 總是

❷ 我正在開創自己的人生。

A 從來沒有　B 很少　C 有時　D 時常　E 總是

❸ 即使取得很好的成績，我依舊覺得自己沒有盡全力。

A 從來沒有　B 很少　C 有時　D 時常　E 總是

❹ 我的靈感很充足。

A 從來沒有　B 很少　C 有時　D 時常　E 總是

❺ 我正在將夢想轉變爲現實。

A 從來沒有　B 很少　C 有時　D 時常　E 總是

❻ 我有很多很棒的主意，但是沒有時間去實現。

A 從來沒有　B 很少　C 有時　D 時常　E 總是

❖分數計算

選擇「A 從來沒有」記爲一分，選擇「B 很少」記爲二分，選擇「C 有時」記爲三分，選擇「D 時常」記爲四分，選擇「E 總是」記爲五分。

你的最終分數是：＿＿＿＿

❖測驗說明

如果高於十五分，那麼創造者原型可能是你當前的主導原型，請繼續閱讀下一章的內容，最終的綜合測驗結果，請見後記說明。

如果低於十五分，那麼創造者原型是你當前正在壓抑或忽視的原型。造成這種情況的原因有二：其一，你在之前的人生中已經使用了太多創造者原型的特質，導致你主觀上想減少這些特質的使用。其二，你的自我尚未發展成熟，對於探索更深層次的眞實自我是排斥、無力的，你感覺自己的命運受人擺布，有些無能爲力。回顧你現在生活中的苦惱，可能已經出現了創造者原型的某些陰影特點。

接下來，請將反抗者原型的測驗分數和創造者原型的測驗分數加總，如果分數大於四十四分，且你的年齡在四十至六十歲之間，正處於中壯年期，那麼你目前的生活中遇到的生命課題是發現眞實，即：需要放下過去，重新開創和尋找新的自己。如果你的年齡不在中壯年期，那麼說明了反抗者原型和創造者原型對於當前的你來說是應對生活的主導原型。如果總分小於四十四分，可以閱讀後記的說明。

反抗者原型得分：＿＿＿＿

創造者原型得分：＿＿＿＿

反抗者原型＋創造者原型得分：＿＿＿＿

最後，比對一下反抗者原型和創造者原型的分數。分數較高且高於十五分的原型是你目前的主導原型。在反抗者原型主導的情況下，會感到生活既不眞實，又沒有意義，可能會做出離職、離開家人、放棄信仰等極端行爲；在創造者原型主導的情況下，你不會做出任何捨棄，反之你會不斷創造新的東西來塡補內心的空虛。若兩者分數相同，表示它們現在要麼是完全對立的，要麼就是完成了融合。關於這點，你可以透過自我現在的感受來判斷。

若你現在正處於中壯年期，那麼唯有這兩個原型相互融合，才能眞正完成所在生命階段的課題。唯一的解決方法就是化繁爲簡，讓反抗者原型和創造者原型達成合作，進行有選擇地捨棄和有目的地增加：捨棄那些不再符合自我眞實性的東西，哪怕是曾經付出辛苦才爭取到的；增加那些符合自我同一性的東西，哪怕是和原本確定的生活目標大相徑庭的，如此，才可以重新定義自我和世界，跟隨自我的意識影響這個世界，重新獲得一個穩定的自我。

第十五章　小丑

the fool，英文原意是指中世紀時期英國宮廷中一些擅長滑稽表演的人。他們聰明、幽默，擁有很多才藝，為王公貴族提供歡樂，在嚴肅氛圍中負責搞笑，是宮廷中的「文藝官員」；他們在表演的時候插科打諢、語言充滿諷諫，某種程度上是宮廷中唯一「言語自由」的人。這一詞的翻譯通常另有為弄臣、逗樂小丑，而作為原型，其對應的翻譯是小丑、愚者。

儘管這個詞源自西方文化，但是在中國古代的皇宮中也有類似的角色，被稱為「俳優」。他們「善為笑言」，逗笑、排遣無聊，與現在的相聲頗有淵源。所以，小丑原型的內涵與我們一般聯想到的「可笑」、「尷尬」、「出醜」、「隱藏悲傷」，甚至是「恐怖」等意象並不同。

卡蘿博士更強調的是小丑的聰明、自由、享樂和活力。如果將我們的內心世界想像為一個國家，而我們立志要讓這個國家理性、完整、堅定、可信賴，那麼小丑的存在則是打破國家的嚴肅與沉寂，展現自由、歡愉和豁達。

小丑原型對自我探索的幫助

小丑原型是活力的來源，其所追尋的是快樂原則，喜歡一切能讓自己快樂起來的最原始、最自然的東西；同時，小丑是聰明的，它能重整本能衝動，為自我儲存能量。

在十二原型之中，小丑原型最具包容性，但同時也最容易被壓抑。在西方文化中，由於受到宗教理念的影響，人們相信本能的欲望帶有某種原罪，需要透過遵循教義方能獲得身心昇華。因此，人們會克制享樂，忽略欲望。而在東方文化中，則奉行禮儀，凡事均有典範，克己守禮是我們的行事標準。

尤其，進入現代社會之後，發展、生產、積累是每個人的使命。不論是哪一代的人們，他們的集體潛意識中都有著「落後就要挨打」的緊迫感，勤奮的行動以壓制著那些追尋享樂的本能衝動。因此，被小丑原型主導的行為經常被認為是沒有教養、浪蕩、不負責任的，因而不斷地被壓抑著。但是，這樣的壓抑會在我們完善自我的時候不斷地萌發，那些選擇勤勉工作，選擇節奏快、效益高行業的人，會在工作一段時間之後更加渴求自由、本我和生命的本真。

小丑原型是樂觀的，它只在意快樂的事情，因此即便受挫，也會願意再次嘗試。尤其在經歷失去和悲傷的時候，小丑原型會透過「笑」來提醒個體美好的存在。小丑原型是機智的，喜歡遊戲和博弈，即使在危險中也會享受較量的樂趣，並樂此不疲。如果個體正處於兒童階段，他會是個讓大人頭疼，喜歡和規則鬥智鬥勇的調皮孩子；如果個體正處於成人階段，則會有意無意地做一些事情避免無聊，積極迎接挑戰。

小丑原型是自由創新的，它總能以幽默的方式打破規則限制，尋找新的解決方法，從來不會被傳統所束縛，但同時也懂得如何適應社會規範，使個體人生的每個階段都不會無聊。小丑原型是豁達的，只關注生活本身和真實的快樂，不在意他人的評價，不思考明天，只活在當下。在小丑原型的世界裡沒有不得不完成的世俗任務、沒有讓人卻步的人際交往、沒有為他人負責的沉重負擔。

小丑原型是包容的，對於潛意識中的其他原型，小丑並不會去衡量誰對於當下更有利，誰對於當下會產生阻礙，而是會提供足夠的空間讓所有原型去表達，不評價也不干涉。當個體處於迷茫混亂的狀態時，如果能按照小丑原型的特質行動，則更有利於尋找和發現自我。

所以，小丑原型呈現出來的是一種看似遊戲人間，卻最活在當下的豁達。因為小丑原型明白，人間不過是一場遊戲，塗滿油彩，善為笑言，愚人亦是愚己。在他人看來，小丑原型驅力下的行為或誇張、或荒誕，充滿魅惑，但旁人卻不敢輕易嘗試。人們看到的只是小丑的弄臣外表，而不知道小丑充滿智慧的內心。

就像那些辭去穩定安逸、有保障的工作而去追求理想生活的人，也是受到小丑原型的驅使。在其他人眼中，這是冒險和任性，但對這些人來說，卻是探尋自我的重要環節。小丑透過愚人達到愚己的最終目標，因為他們已經洞悉生活的本質。儘管呈現出來的是一種生理和肉體感受上的極低需求，但是他們在精神世界卻擁有高度的滿足與愉悅。當小丑原型在發揮主導力量時，貧瘠甚至匱乏的物質世界就能滿足他們，因為他們此刻的心理彈性已經達到最佳狀態。

小丑原型的陰影與沉溺

每個原型都不可避免有陰影。小丑原型古老且原始，最接近動物本能，因此，當小丑原型的能量沒有正確表達或得到宣洩時，它就會表現出破壞性的負面力量。

小丑原型追尋快樂，同時又不被約束，所以不存在道德觀念，視一切紀律於無物，目無尊長，無法無天。小丑原型的好奇心不僅指向嘗試一切新鮮事物，也指向所有被禁止的欲望。小丑原型的陰影是「玩物喪志、懶惰、不負責任、不可靠、自私、操縱、詐騙、沉溺於感官享受」。最典型的人物莫過於西班牙作家賽凡提斯（Miguel de Cervantes Saavedra）小說筆下的唐吉訶德，他沉浸在幻想中，瘋癲而無畏，瘋狂且執著。

小丑原型的陰影並不容易被察覺。當我們出現沉溺行為時，可能會表現得像個跳樑小丑，滑稽可笑，卻自以為是。小丑原型具有看穿生活本質的豁達特質，當我們被原型的陰影控制時，它就會告訴我們：生活就是這樣的，你必須這樣做才能活下去；人性就是貪婪，社會就是奸詐，你只是發現了世界的真相，而滿足願望、獲得快樂的唯一方法就是沉溺在這些行為中。所以，會不惜一切代價追求成功，甚至有意無意地挑戰道德和法律；在親密關係中不忠，在工作中瀆職，在權力中獲取金錢利益。

在文學和影視作品中，經常會有一個這樣的形象：他們為了追求事業上的成功，一點一點放棄原則、捨棄感情、不顧他人的利益；他們每一次都在自我說服，這點犧牲都是為了更大的成功，但最後卻後悔莫及，一無所有。作為讀者或觀眾，我們彷彿能一眼看透，這一角色已經被小丑原型控制；不僅如此，我們還認為自己一定不會做出這樣的事情，一定能夠洞察虛偽的表象，看穿背後隱匿的欲望。但是當我們被小丑原型的陰影控制時，也難免會陷入兩難，甚至做出相同的錯誤決定。

小丑原型導致的沉溺行為大多是追求感官享樂的，比如：酒精、美食、香菸、性，乃至毒品。欲望本身沒有錯，追求快樂也沒有錯，但是迷失其中，就無法令自我得到發展和整合，甚至可能進一步導致心理問題和疾病的產生。

小丑原型的代表人物

巴布・狄倫（Bob Dylan），美國音樂人，創作歌手，成名於二十世紀六〇至七〇年代。他創作的民謠歌曲《答案在風中飄蕩》（*Blowin' in the Wind*）道出了對社會和時代的迷茫，正中當時年輕人的痛點，因此被譽為時代發言人。而他的轉型代表作搖滾歌曲《像一塊滾石》（*Like a rolling stone*）至今依舊是樂壇經典。巴布・狄倫創作至今，八十歲時依舊在發表新歌。他獲得十二次格萊美獎，一次奧斯卡獎，一次金球獎，也獲得過美國總統頒發的總統自由勳章，是許多教父級音樂人的啟蒙老師；同時，他還是一位詩人，曾經獲得二〇一六年的諾貝爾文學獎。

巴布．狄倫曾經引領時代，但是他不願意屈服於時代所賦予的標籤。他並不認為自己在迎合時代，承擔使命，只是在尋找「定義自己感受到的世界最舒服的方式」，於是他透過各種方式撕掉大眾加之的束縛。媒體描述他是時代的反叛者，但是他的理想只是在種滿粉色玫瑰的白色庭院中安穩地生活。他一直在追求內心真正的自由，也一直遵循自己的感悟和原則，隨遇而安，珍惜眼前的生活。為了擺脫大眾的追逐，他會故意在公眾場所做出一些自毀形象的事情，比如，當他知道自己獲得諾貝爾文學獎時，他拒絕並推遲了五個月才去領獎。對於外界的標籤，巴布．狄倫有一種與眾不同的豁達。

自我的每一次成長都需要時間。巴布．狄倫在自傳中曾寫出自己年輕時的困惑：「我不知道自己正處於歷史的哪個階段，也不知道它的真相是什麼。想這個是沒有意義的，不管怎麼想可能都是錯誤的。」關於這些迷茫的答案，需要我們自己去尋找，畢竟，就像巴布．狄倫的歌詞一樣：

一隻白鴿需飛越多廣的海洋，才能安穩睡在沙灘上？
火砲需發射多少發砲彈，才能停止干戈？
一切的答案在風中飄蕩了。

到底要抬頭幾次，才能看見晴空藍天。
到底要有多少耳朵，才能聽見人們的哭喊。
要犧牲多少條生命，才知道原來生命已逝去太多了。
朋友啊，答案在風中飄蕩了。
一切的答案在風中飄蕩了。

如何喚醒小丑原型？

如果我們對自己的認知和探索沒有完成，對自我依舊迷茫，小丑原型可能會以一種看似衝動的行為爆發，只是這樣的後果不是每個人都可以承擔得起。近來的新聞中總會出現這樣的字眼：「當年說走就走的人怎樣了」、「當年放棄高薪的人怎樣了」，這就是在提醒我們克制。當然，這些是屬於喚醒小丑原型的方式，卻不是唯一方式。在日常生活中，我們也可以透過其他溫和的方式喚醒小丑原型，比如：承認欲望的存在，保持好奇心，樂於嘗試，保持興趣喜好，適當滿足欲望。

原型是集體潛意識的凝縮，而集體潛意識沉睡在意識小島之下的海床中。曾經，我們缺少相關的認知，所以無法觸碰到這些原型。現在我們意識到原型的存在，原型便自然覺醒，因此喚醒小丑原型的第一步，就是承認我們身上存在最原始古老的欲望——每個人都有貪、嗔、癡，這並不羞恥，而且很正常。

我們喜歡遊戲，享受美食，追捧偶像，癡迷購物。對此，請保持一顆開放的心，享受其所帶來的樂趣。有時候，我們的欲望壓抑已久，困苦於當前的生活和工作，倍感無聊和枯燥，想要追尋快樂，卻不知道快樂是什麼。這時候，我們需要開啟好奇心去嘗試，不論是新鮮的事物、新開的店，還是新的流行，嘗試之後再去評價、做選擇。

我們要打破年齡和社會角色的限制。幹練的職場菁英與喜愛動漫的嗜好並不衝突；嚴謹的科學研究工作者和搖滾樂不衝突；細緻耐心的個性與冒險遊戲不衝突；不善人際與咄咄逼人的辯論也不衝突。**欲望需要引導，而非壓抑，只要在道德和法律的範圍內，適當地滿足欲望都能喚醒和釋放小丑原型的力量，以避免陷入其陰影。**那些令人驚訝的腐敗瀆職醜聞中的當事人，也許就是因為從來沒有引導欲望，從而被陰影所控制。

小丑原型的發展會經歷三個階段。第一階段的小丑只為了滿足欲望，衝動且不顧忌後果。這個階段的行為就像是小孩子，但又不僅僅只在兒童階段出現。想想長大後的你，有沒有不管工作、只想倒頭入睡的衝動？有沒有忽視體重和營養，只想盡情享用零食、甜點、香菸和酒精的經歷？有沒有放棄一切，追求愛情的想法？

第二階段的小丑會逐漸分辨自我的欲望和他人的欲望，能夠約束並掌控欲望。自我在形成的過程中，不僅需要自我評價，也需要他人的評價，所以自我不可避免會受到他人的影響。但是在我們尋找「我是誰」和「我的價值」的過程中，會經歷混淆自我和他人的欲望的時刻。這時，我們雖然在追求快樂，卻時常混亂。青春期的時候，我們常常突發奇想，被各種新鮮事物吸引眼球；開始工作以後，我們常常會搞不清楚工作到底滿足了誰的欲望。這種混亂在大學期間更加常見，因為我們在上大學之前，往往認為自己的欲望是好成績，但是讀大學後沒有了成績的指引，自己的努力、刻苦和堅持又是為了什麼？自己的興趣和喜好又到底是什麼？

第三階段的小丑對自己和人生有了獨到的領悟，不再被物質和環境所累，瞭解並承認自己的欲望，懂得將欲望透過合理的方式表達出來，能夠調侃、自嘲、看透生命和本我的真相，不再追求表面的快樂，而是享受生活的真相，活在當下。也許我們現在依舊為生活奔波，依舊受制於各種制度，但是心靈卻是自由的，內心的快樂有了釋放途徑，真正整合了自我、他人和世界。

魯迅說，所謂的悲劇，就是把人生有價值的東西撕碎給你看；所謂的喜劇，就是把人生無價值的東西撕碎給你看。在小丑原型發展下的不同自我成長階段，我們看待那些帶來快樂的事物的感受也會不同。周星馳的無厘頭喜劇，既讓我們開懷，也讓我們痛哭，而這就是自我的整合。所以，看戲劇、聽相聲和脫口秀過程中的笑與思，不僅能喚醒小丑原型，也可以檢驗小丑原型所處的階段為何。

小丑是你目前的主導原型嗎？

❶ 當生活枯燥無味時，我喜歡改變它，讓它有點花樣。
A 從來沒有 B 很少 C 有時 D 時常 E 總是

❷ 別人覺得我很有趣。
A 從來沒有 B 很少 C 有時 D 時常 E 總是

❸ 我不太把規矩當作一回事。
A 從來沒有 B 很少 C 有時 D 時常 E 總是

❹ 我喜歡帶給別人歡樂。
A 從來沒有 B 很少 C 有時 D 時常 E 總是

❺ 我喜歡讓嚴肅的人輕鬆起來。
A 從來沒有 B 很少 C 有時 D 時常 E 總是

❻ 一點小混亂對靈魂的成長有利。
A 從來沒有 B 很少 C 有時 D 時常 E 總是

❖分數計算

選擇「A從來沒有」記爲一分，選擇「B很少」記爲二分，選擇「C有時」記爲三分，選擇「D時常」記爲四分，選擇「E總是」記爲五分。

你的最終分數是：＿＿＿＿

❖測驗說明

如果高於十五分，那麼小丑原型可能就是你當前的主導原型，請繼續閱讀下一章的內容，最終的綜合測驗結果，請見後記說明。

如果低於十五分，那麼小丑原型是你當前正在壓抑或忽視的原型。現在的你可能出現兩種情況：其一，你在生活中表現出很多小丑原型的陰影，例如，玩世不恭，總是控制不住享受感官欲望、拖延、做事半途而廢。也許你並不承認這些表現，所以，不妨問問周圍的人是否對你有這樣的評價。其二，曾經的你追求快樂，但是現在對此十分反感，你不允許自己再次出現這種嬉戲、玩鬧的狀態。

每一種原型都不能被簡單地從「好」或「壞」、「有用」或「沒用」的角度來看待。原型一直蘊藏在我們的身體中，是我們應對生活和追求幸福的力量來源。進行這些測驗不僅是爲了瞭解自己的主導原型，同時也要瞭解自己一直忽視的原型，因爲正是忽視和壓抑的部分導致自己陷入現在的困境中。唯有正視或矯正小丑原型的陰影，才能增加生活中的選擇性。

卡蘿博士認爲，小丑原型是自我探索和成長的起點，也是自我探索的終點。自我成長從原始的追求快樂出發，然而經歷了追尋、創造、爭取、愛之後，自我會發現眞正的快樂和自由是放下，活在當下，這也是小丑原型的第三階段。所以，不必排斥自己那些不切實際的享樂傾向，或許那才是幸福的眞諦。

第十六章　智者

the sage，英文原意是指知識淵博、充滿智慧的人，尤其是古代的歷史或傳記中具有重要作用的人。作為原型，通常被翻譯為智者。

不論是在英文或中文的文化背景中，智者的形象多半都是一位鬍子花白、滿面慈祥的老人，一副仙風道骨的模樣。榮格認為，這就是集體潛意識在發揮作用。當人們遇到困擾時，會有一位代表著智慧的睿智形象透過夢的方式給我們啟示，為我們帶來靈感和頓悟。卡蘿博士所總結的智者原型的使命，則是幫助人們找到真理，並且讓自我在真理中獲得自由。

智者原型對自我探索的幫助

人類從幼兒成長為一個成年人的過程，就是自我不斷完善的過程，也是不斷學習和積累知識的過程，以及不斷地尋找真理的過程。在傳奇故事裡，總會有一位智者及時出現，為主角指點迷津。就像是英國作家 J. K. 羅琳的小說《哈利波特》中的鄧布利多，他是魔法學校的校長，極具魔法天賦，睿智、擁有洞察力，對人類和巫師一視同仁，是許多優秀魔法師的老師，幫助了很多人獲得力量。然而在現實生活中，智者並不都是一位年長的老師，也可能是一位哲學家、專業顧問、心理諮詢師、學者等。

不論外在的指導如何豐富，我們都需要將一切化作內在自我的成長，這樣才能夠真正發現真理。存在於我們的潛意識中的智者原型相信，我們有能力發現智慧，並運用智慧創造一個更美好的世界，如此，自我就可以得到真正的自由——真正的智者就在我們每一個人的內心。

智者原型所指引的真理與知識並不一致。知識幫助我們瞭解客觀世界運行的規律，而真理則關乎我們如何理解和看待這個世界。就這個角度而言，自我在尋找真理的過程中是有局限的，因為**對世界的理解，其實就是自我的一種投射**。所謂的投射，就是把我們自己的特徵轉移到其他的人或事身上。

投射是自動發生的，當我們認為世界是公平的，我們會看到更多關於公平的證據。如果我們事先接收了世界是不公平的觀點，不論我們是否相信這個觀點，當周圍不斷出現這個論斷，就會不自覺地去關注世界不公平的證據。其結果，就是越來越認定世界是不公平的，而這也將導致我們離真理越來越遠。

所以，智者原型在尋找真理的時候，會努力透過各種方法超越局限，例如，聽取各種聲音。當我們看到一個結論的時候，一定要去搜尋與之相反的立場，加以判斷分析。我們雖然渴望真相，但是不可能瞭解全部的真相，因為世界上的每件事都夾雜著很多線索，都極其複雜。沒有人能夠看到全部，一隻耳朵、一次傾聽只能瞭解真理的一部分。

為了避免自我的主觀性，很多人採取自我隔離的方式，例如，冥想和靜坐，也就是將意識放空，把全部的注意力放在呼吸上，任憑思緒流淌。最常見的一般做法是選擇一處安靜的地方，跟隨一定的呼吸節奏，緩緩地吸氣、呼氣，有時還可以放一些清幽靜謐的音樂。冥想和靜坐的目的，就是讓自我從情緒感受和思想中暫時釋放出來。

智者原型並不想改變世界，只是想透過各種方式瞭解關於世界的真理。真理幫助我們建立尊嚴，同時又謙卑地活著。

智者原型的陰影與沉溺

在探索真理的時候，我們也會因為智者原型的陰影而出現一些偏差行為。

第一個陰影是「追求完美，陷入非此即彼的絕對化不合理信念中」。智者原型指引自我尋找真理，然而真理需要自我的不斷反思和內省才能發現。在被智者原型的陰影所掌控時，我們會以真理為標準，認為每一件事情都可以到達一個完美的結局。

因此，人們會過分執著於絕對的真理、真實和正確，並且無法面對和接受普通人的軟弱和無知。當他們發現自己或他人表現出不完美時，就會表現出輕視、拒絕等行為。人們會被「我必須得到所有人的喜歡」、「我必須是第一名才是優秀的」、「你必須對我誠實」之類的不合理信念帶入極端的死結中，從而影響自我的發展。

第二個陰影是「過於放空自我的主觀感受，反而忽視身邊發生的一切，變得麻木，缺少同理心」。為了增強自我的客觀性，當人們刻意將自我隔離在正在發生的事情之外，就會誤以為這時的自我狀態是自由的。他們無法與正在發生的事情建立連接，進而變得疏離、冷漠和麻木。這並不是自我的自由，而是自我發展得不完善，是內在的探險家原型和愛人者原型無法達成融合的結果。這時，他們表現得理智大於情感，一本正經，甚至會認為不去抒發情緒感受是成熟的一種表現。在人際關係中，他們也只關注客觀環境，習慣性地羅列資料，喜歡引經據典，在溝通中很少能夠呼應他人的感受。

第三個陰影是「被『對』和『錯』的觀點所掌控，只認為自己是對的，無法接受其他不同的觀點，傲慢無禮，又容易被激怒」。他們相信真理一定存在，並認為一切行動都需要由真理指揮。於是，當他們不能確定對方是否是自己的絕對真愛，是否是「對」的那個人時，就不會去愛。其結果，是他們會因此而錯失愛人的機會，也不會去愛任何人；同理，當他們不能確定這是自己最適合的工作時，也不會去工作。

他們一旦找到了自己所認為的關於世界的真理，就會將所有與自己觀點和立場不一致的想法都視為「錯的」，同時會變得暴躁，容易被激怒，因為此時，他們並不是在尋找真理，而是將自己掌握的「知識」視作維護自我價值的武器。他們只知道自己掌握的知識，眼界受到很大的局限。不僅如此，他們還會借著知識排斥和評判他人，例如，某些固步自封的學者或團體，不接受其他領域對知識的解讀，用偏見掩蓋理性，誤以為自己所掌握的片面事實就是全部，甚至以此否定其他立場。最後，他們將關於真理的辯論變成個人權益的抗爭。

智者原型的沉溺特質是批判，其沉溺行為是一直保持正確或過分平靜。智者的智慧是包容而非充滿尖刺的。如果你的思考模式中只有批評和挑剔，如果你為了證明自己正確且不斷尋找他人的錯處，如果你對一切變化只是冷漠而不是淡定，那麼智者原型的陰影就已經完全籠罩了你。

覺察智者原型的陰影與沉溺並不容易，不過，我們可以透過身邊人的回饋和感受來進行自我評判。每當提到智者，人們會產生崇敬的感覺，並且願意付出信任。但是每每想起淪陷在陰影中的智者，人們都會感到畏懼，只想逃離。

智者原型的代表人物

柯比・布萊恩（Kobe Bryant），美國籃球運動員，被譽為美國男子籃球職業聯賽（NBA）史上最偉大的球員之一。

柯比三歲開始練習籃球，在訓練營得到過最佳球員（MVP），高中時曾帶領球隊得到州級冠軍和全美最佳高中球員。十七歲時與NBA簽約，自此開啟了柯比的籃球時代。二〇〇七年，他成為達到兩萬分的最年輕球員。直到退役，他獲得過五年的聯盟第一人、十四年的聯盟頂級球隊、蟬聯五個總冠軍、四次MVP、十一次成為年度最佳第一陣容、九次入選年度最佳第一防守陣容、兩次得分王。球迷評價，柯比的比賽現場是兼具觀賞性、競爭性和影響力的，凡事看過他比賽的人，一定會被他吸引。

柯比的卓越成績並不是源自於得天獨厚的天賦，而是他日以繼夜的訓練，以及對籃球狂熱且偏執的熱愛。他內心強大，爭強好勝，對成功充滿渴望，永不放棄。柯比成為一代年輕人的偶像，不僅是因為他優秀的戰績，還因為他的專注、投入和嚴苛的自我要求。儘管滿身傷痕，他依舊勇往直前。

柯比曾經這樣回答自己為什麼會成功：「洛杉磯的每個早上四點，漫天星光，行人寥寥，我已經起床行走在黑暗的街道上。一天過去了，十年過去了，洛杉磯凌晨的黑暗沒有絲毫改變，但是我卻變成肌肉強健、有體能、有力量、有著高投籃命中率的運動員。」很多人引用這段話，使用「凌晨四點的洛杉磯」自勉，並期待能夠進一步地完善自我。

柯比的自我具有智者原型特質，他發現了關於成功的真理——堅持和努力，同時以此來踐行自我，最終令自我獲得了自由，達成了自我實現。當然，自我實現的途徑不只有一個，但是在智者原型的指引下發現有關這個世界的真理，將指引我們的行動。

如何喚醒智者原型？

喚醒智者原型最直接的環境就是學校，而最有效的儀式就是學習。我們自出生的那一刻起就在努力學習生活技能和客觀規律，我們與真理的距離，是隨著知識的積累和身心發展的成熟而逐漸縮短的。

智者原型的發展會經歷三個階段。第一階段的智者原型認為，世界為二元對立，有多則有少，有高則有低，有對則有錯，因此真理存在正確的答案，而答案可能就掌握在權威和師長手中。因此他們信賴權威，尊敬師長，相信權威和師長傳授給自己的知識；他們不接受權威的不正確，也不接受權威的隱瞞。

第二階段的智者原型會發現世界是多元的，真理也同樣是多樣的，所有的「對」和「錯」都是相對的，只是解讀的角度不同。隨著年齡和能力的增長，他們會逐漸發現，父母、老師和權威都有可能會犯錯，而且自己也開始接受這些錯誤，不再無條件地信賴某個人或某個觀點。

有時候，他們還會樂於對比兩種完全相反的解讀角度。例如，都知道「地球是圓的」這樣一個事實，但是如果「地球不是圓的」，那麼將如何解釋現在正在發生的自然現象呢？這並不是腦洞大開、試驗想像力，而是突破知識的定勢，尋求世界的多元性。

事實上，關於「地球是平的」這一理論並不是玩笑，世界上有很多具有豐富學識和閱歷的人也相信這個觀點。他們並不是在故意挑戰權威，而是想要提醒自己，世界是多元的，真理也是多元的。在放棄尋找絕對的正確和絕對的真理時，就會發現更多的思考方式，體驗到世界的多元性。

第三階段的智者原型能夠體驗到最終的真理，擁有完全的智慧。在發現世界上並沒有絕對的真理時，他們的認知世界也會發生一場革命。在這個階段，他們將重新理解觀念和行為之間的關係。他們的行為選擇並不全都是因為「正確」，而是因為「適切」，是經過對比和衡量之後的決定。

同樣地，他們也是如此理解別人的選擇。無論別人秉持的觀點如何，對方的做法對當前的環境來說一定是最適切的。如此，他們不會再因為糾結找不到最完美的道路而無法做出決定，也不會因為對方做出了和自己想法不一致的行為而不能接受，甚至產生說服的衝動。

智者原型的發展終點不是找到最終的真理，而是接受「這就是最後的答案」。我們開拓自我的認知邊界，累積知識，體驗和發展各種原型，最終的目標還是「自我成長」與「超越」。只有理性地發展完善的自我，才能理解真理是什麼。放下追求答案的執著，敞開心靈去體會真相，體驗天人合一的境界。

智者是你目前的主導原型嗎？

❶ 我會不加判斷地收集各種資訊。
A 從來沒有　B 很少　C 有時　D 時常　E 總是

❷ 我會以長遠的眼光來看待事情。
A 從來沒有　B 很少　C 有時　D 時常　E 總是

❸ 同一件事，我相信可以透過很多正向的角度去分析。
A 從來沒有　B 很少　C 有時　D 時常　E 總是

❹ 我嘗試發現虛幻背後所隱藏的眞理。
A 從來沒有　B 很少　C 有時　D 時常　E 總是

❺ 我努力讓自己更加客觀。
A 從來沒有　B 很少　C 有時　D 時常　E 總是

❻ 我是冷靜理智的。
A 從來沒有　B 很少　C 有時　D 時常　E 總是

❖分數計算

選擇「A從來沒有」記爲一分，選擇「B很少」記爲二分，選擇「C有時」記爲三分，選擇「D時常」記爲四分，選擇「E總是」記爲五分。

你的最終分數是：＿＿＿＿

❖測驗說明

如果高於十五分，那麼智者原型可能是你當前的主導原型，請繼續閱讀下一章的內容，最終的綜合測驗結果，請見後記說明。

如果低於十五分，那麼智者原型是你當前正在壓抑或忽視的原型。你需要反思一下現在的自己是否被智者原型的陰影所掌控，出現了絕對化、冷漠、容易被不同觀點所激怒的情況。

接下來，請將小丑原型的測驗分數和智者原型的測驗分數加總，如果總分大於四十四分，表示智者原型和小丑原型是你目前應對生活時最常使用的原型；如果總分小於四十四，請閱讀後記的說明。

小丑原型得分：＿＿＿＿

智者原型得分：＿＿＿＿

小丑原型＋智者原型得分：＿＿＿＿

如果智者原型分數更高，表示你對生活有自己的理解和想法，但是比較不切實際，可能存在生活適應的問題；如果小丑原型分數更高，表示你在目前的生活中比較樂在其中，享受生命，凡事都不會成爲你的煩惱，但是可能有點回避生活中的責任和重要的決定。如果兩個原型的分數相同，那麼你需要衡量一下這兩個原型現在是衝突的狀態還是融合的狀態。

一般來說，智者原型和小丑原型共同發揮作用的人生階段是老年期。老年期的人們用整個人生完成了一項事業，並且來到主動結束這份事業的時刻——退休。人們經常使用「充滿智慧」和「像個孩子般充滿童趣」來形容老人，其實就是因爲這兩種原型在交替完成這個生命階段的任務——重獲自我的自由。然而，智者原型和小丑原型的其中任何一個，都無法有效地幫助老年回溯一生。理想的狀態是兩者結合，達到一種大智若愚的狀態；這時，老人既放下自我的執著，理解生活的眞理，同時也能活在當下，樂在其中。

人生的退休不只一種，還包括工作崗位角色的終止，例如，從養育孩子的工作中「退休」（孩子長大、獨立），從照顧家庭的工作中「退休」，從一個專案中「退休」等。我們都要停下來，放下曾經的目標和雄心壯志，學習接受「死亡」——也許是生命的死亡，也許是事業的死亡。這個過程需要智者原型和小丑原型的合作，才能在接下來的人生中進入新一輪的原型成長中。

第十七章 魔術師

the magician，英文原意是擁有魔法般力量的人，或是在某種領域中擁有神奇技術的人。作為原型，經常被翻譯為魔術師、魔法師。

在我們的印象中，古代擁有魔法力量的人，可能是可以起死回生的神醫、掌握世界運行規則的占卜師，或是可以緩解世人痛苦的修行者。到了現代，這些幫助人們調整自我，進而改善與他人和環境的關係，為自我提供療癒和救贖的角色，則轉換為醫生、心理學家、專業領域的顧問等。這些人所掌握的技能在對其不瞭解的人們眼中，如同魔法一般神奇。

魔術師原型對自我探索的幫助

在生活中，你是不是有過這樣的經歷：在你煩躁不安，無法靜下心來處理眼前問題的時候，如果能夠去整理一下房間，或是把晾乾的衣物收回來疊好，心情就會快速平靜下來，這時，你突然就獲得了面對問題和解決問題的動力。事實上，這就是魔術師原型的力量，也是身體中與生俱來、猶如魔法般的神奇技術——**當我們建立起內在世界的秩**

序，就能夠讓外在世界井然有序。

例如，如果你試圖緩解家人或孩子的焦慮，那麼最好的方法就是在他們面前保持平靜，保持內心的平和，這樣他們就會跟著你的狀態，讓焦慮得到緩解。當我們使用魔術師原型的特質，也能夠施展出一些不僅能夠改變自我，還能夠影響身邊環境的「魔法」。

❶ 為自我貼標籤，以獲得某種「魔力」

心理學家曾經進行過一個實驗，這個實驗招募了一群受試者，並根據他們曾經是否有過捐款的經驗將其分成三組。有捐款經驗的人分在第一組，命名為「善良的人」；沒有捐款經歷的人分在第二組，命名為「不善良的人」；第三組的受試者是隨機挑選，也就是有的成員有過捐款經歷，有的沒有，並且沒有為小組命名。過了一段時間之後，心理學家再次統計這些人之後的捐款行為。結果發現，第一小組「善良的人」捐的錢最多，第二小組「不善良的人」捐的錢最少，沒有命名的第三小組捐的錢居中。

心理學家分組的行為就是為受試者貼上標籤，而一個並沒有經過嚴格驗證的臨時標籤，就足以影響人們的行為。魔術師原型的一個重要魔法叫作「命名」，當自我被命名，或者被貼上標籤時，內在的自我就與外部的評判產生了關聯。自我就會如同被賦予了某種魔力一般，會遵照「標籤」去表現。心理學的進一步研究發現，人們具有一種自我印象管理的傾向，亦即：會努力讓自己的行為和他人的評價，也就是被他人貼的標籤內容保持一致，而這背後的深層原因，其實就是魔術師原型的力量。

❷ 透過改變內在語言，改變外在世界

你在和自己對話的時候，會用什麼樣的詞來形容自己？是正面的描述更多，還是負面的描述更多？很多時候，我們對自己的評價都是消極的。因為在東方文化中強調自省、謙虛、靜坐當思己過。身邊的大人也經常指出我們身上的缺點，以致我們常常以為自己是愚蠢、沒有能力、不勝任的。

然而我們看待自己的態度，會影響到自己的生活方式，而魔術師原型的第二種魔法就是使用積極、正面的語言代替消極、負面的語言。例如：「我這個人粗心大意」改成「我很豁達」；「我這人就是自制力很差」改成「我很靈活彈性，懂得變通」。

❸ 自由表達負面感受

我們總是認為負面情緒、負面想法都是不好的，於是，想盡辦法將它們隱藏起來，但正因如此，我們總是被自己壓抑的東西所控制。魔術師原型的第三個魔法就是自由、真實地承認並表達負面感受。難過的時候就盡情地哭泣，憤怒的時候就盡情地宣洩，不過當然，前提是要在不傷害其他人的情況下進行。只要完全表達出當前的感受，就不會被負面感受所控制。

❹ 為自己設定儀式

生活中會有很多不可避免的事情發生，這些甚至會威脅到自我的認知。魔術師原型的第四個魔法就是透過「儀式」將自我的注意力集中在可以改變的地方，為自我補充能量迎接新的階段。例如：成人禮紓解獨立的擔憂、葬禮紓解離別的感受。此外，我們也可以為自己設定一些特別的儀式，比如：入職慶祝、離職慶祝、老年人特權（公車和景點門票免費等）慶祝等。**儀式感可以為自我的轉變帶來正向的積極暗示。**

魔術師原型的陰影與沉溺

魔術師原型透過它的魔法幫助自我成長，並往積極、正面的方向改變。而魔術師原型的陰影則是一股邪惡、充滿敵意的力量。

當魔術師原型的陰影控制個體時，個體可能會做出一些「傷害性的行為」，比如，把他人的好意解讀成惡意，認為他人隱藏了某種不好的動機，甚至在潛意識中期待看到他人遭受厄運。這時候的他們並不是被魔術師原型主導，而是被一個邪惡的巫師所控制。他們心中充滿了嫉妒、懷疑、焦慮和恐懼。自我的內在秩序會影響對外在世界的感知，平靜的自我會感知平靜的世界，同樣地，焦慮的自我也會感知焦慮的世界。

魔術師原型的另一個陰影是「憂鬱」——採取某種方式強化負面和消極的部分，目的是引發個體內在的否定。通常，這樣的魔法會施加在他人的身上，例如，他們會刻意批評、指責他人，給他人貼上負面的標籤，讓他人覺得自己比原來更糟糕。他們也可能會引導他人做出負面的自我評價，打擊內在的自我力量。

心理學中有一個「煤氣燈效應」（Gaslighting）的心理操縱，就是透過一些方法，不斷地輕視對方的感受，將一切責任推給對方；在精神層面操控對方，甚至摧毀對方的認知，讓對方最後失去自我。在很多關係中我們經常聽到：「你太敏感了」、「這件事根本沒有發生過」、「這都是你的錯，大家都是這樣認為的」等。他們總是說謊，否認自己做的錯事，還反過來詆毀對方情緒不穩定，控訴對方的各種缺點和問題。每當對方提出質疑的時候，他們就會轉移當前的話題，打亂對方的思路。他們輕視或無視對方的情緒，總是強調要對方冷靜一點，是對方錯了。長此以往，對方就會產生疑問：「為什麼自己的痛苦總是被忽略？是不是自己真的有問題？」而他們一再推卸責任，告訴對方「只要你改變，我就會改變，我如此愛你，重視你，永遠不會傷害你。」

在個體沒有察覺的時候，魔術師原型的陰影就已經掌控了他們的行為。魔術師原型的沉溺特質是詐欺、不真誠，其沉溺行為是濫用魔力，沉迷幻想。魔法的力量無窮，但是魔力只是一種「武器」，除了可以為自我帶來療癒，也能為自我帶來傷害。

因此，當我們對他人做出回應的時候，要注意自己真正的出發點是關切還是貶低？使用的語言聽起來是安慰還是嘲諷？是不是在貼標籤？是不是在刻意忽視對方的感受？是不是有一些陰暗的想法出現？或許，在某些不自知的情況下，你正沉溺其中，錯誤地使用魔法對待自己和他人。

魔術師原型的代表人物

史蒂芬．賈伯斯（Steven Jobs），發明家、企業家，蘋果公司以及美國皮克斯動畫公司的共同創辦人，在作業系統、電信、電腦、動畫、音樂等多個領域都有突破性的創新發明。

隨著科技的發展，現代人越來越依賴可以讓生活更加便利和高效的電子產品。在電子產品的使用者體驗和信賴度上，蘋果公司一直備受全世界的追捧，而這都離不開賈伯斯。很多人都形容賈伯斯像是一位魔法師，當他出現在產品發布會的現場展示新產品時，他從容、自信、睿智、優雅，彷彿正在進行一場藝術表演。

在創業的過程中，賈伯斯曾經被迫離開團隊，也曾經力挽狂瀾。他卓越的演講才能、獨特的團隊管理方式、對細節的極致關注、獨到的戰略眼光，讓他不僅在事業中整合了自我，也在不知不覺中改變了世界，甚至為所有現代人帶來了神奇的療癒力量。賈伯斯奉行顧客至上的理念，每個使用蘋果的消費者不僅是在使用電子產品，也在直接感受超先進的科技。曾經，我們只能旁觀那些神奇的魔術，被告知沒有長時間的練習或天賦，便無法掌握這些神奇的技能。但是賈伯斯將這個藩籬拆除，他讓每個人都能最直接地體驗「科技魔法」。消費者們除了認可蘋果公司先進的技術，也被其所傳遞出的魔術師原型特質所感染著。

賈伯斯在魔術師原型的驅力下，不僅完成了自我實現、影響了使用他的產品的人，也啟發了很多電子產品研發者。儘管賈伯斯已經去世，但依舊有許多電子產品研發公司會在設計和發布新產品的時候這樣設想：如果這位「魔法師」還在，他會怎麼做？他們會依據這種設想來改進自己的設計。這個世界並不會只有一位魔術師，當我們被「魔術」治癒，也將會產生療癒他人的新魔力。

如何喚醒魔術師原型？

魔術師原型的喚醒方式，可以透過固定時間的冥想、有規律的靜坐、學習、虔誠的祈禱、清醒夢等能夠與潛意識連接的方式進行。

夢是潛意識的表達，人類每天接觸很多的資訊都需要透過意識進行篩選。每到夜晚意識休息的時候，大腦會重新整理白天所接觸到的資訊，這個過程中就會產生一些聲音和圖像，而這就是夢。通常，人們無法意識到自己在做夢，但是心理學研究發現存在著「清醒夢」，即「人們知道自己在做夢」。儘管這樣的經驗很少，但是經過專門的練習，人們不僅可以實現做清醒夢，還可以控制夢。例如，堅持每天記錄自己前一天做過的夢，回顧細節；經過專業催眠師的引導；集中神智進行與夢有關的冥想等，以上這些方法都是在實現意識與潛意識之間的連接，以引導魔術師原型發揮作用。

魔術師原型有三個發展階段。第一階段的魔術師原型會體驗到被治癒的感覺，能夠感應到一些超感官的經驗。魔術師原型的治癒力量是透過讓自我感受到正向積極的體驗來實現，而這種感覺是一種被支持的暖意；這種暖意來自於集體潛意識，當自我察覺到的時候，他們會有一種超越視覺、聽覺、觸覺、味覺等感官的直接知覺。

第二階段的魔術師原型將會體驗到心想事成的滿足感。魔術師原型的行為動力就是將夢想變成現實，它一直在幫助自我發掘關於世界運轉的基本規律，並藉此完成自己心中所想。魔術師原型也在進行自我創造，但是不同於創造者原型的整合與重生，魔術師原型著重在於提升或拓展意識。所以在放下基礎感官的感覺之後，他們會獲得一種信念，告訴自己「一切都會好起來」。

第三階段的魔術師原型瞭解到世間萬物都是彼此連接的，可以透過心理層面的改變，實現對現實的改變。卡蘿博士認為，在十二原型中，魔術師原型最具開放性、包容性，其本質是改變。不論當前的主導原型是什麼，不論當前的困境如何，魔術師原型都可以幫助個體變成自己所期待的模樣。

魔術師原型和統治者原型都想透過自我的轉變，進而操控外部世界，將那些負面的、不好的整合轉變為正向、好的一面。這兩種原型會共同在中年期、臨近老年期的時候發揮作用。這個階段的人們即將完成職業和生活的目標，身體機能在衰退，逐漸面臨退休和離去。這時，魔術師原型會結合現有的知識、創造力和改變力，轉變對現狀的理解，或是重新開創未來。他們對周圍的一切都充滿善意，能以溫柔的方式平衡這種轉折。

魔術師是你目前的主導原型嗎？

❶ 那些自我成長的經驗，讓我有能力幫助他人進行探索和療癒。

A 從來沒有　B 很少　C 有時　D 時常　E 總是

❷ 精神層面的冥想、靜坐會對我產生積極正面的影響。

A 從來沒有　B 很少　C 有時　D 時常　E 總是

❸ 當我改變內在信念時，我的外在行為也會跟著發生改變。

A 從來沒有　B 很少　C 有時　D 時常　E 總是

❹ 我的存在經常促使他人或環境的改變。

A 從來沒有　B 很少　C 有時　D 時常　E 總是

❺ 我相信世界上的每個人和每件事之間，都存在著某種聯繫。

A 從來沒有　B 很少　C 有時　D 時常　E 總是

❻ 我喜歡改變形勢。

A 從來沒有　B 很少　C 有時　D 時常　E 總是

分數計算

選擇「A從來沒有」記爲一分，選擇「B很少」記爲二分，選擇「C有時」記爲三分，選擇「D時常」記爲四分，選擇「E總是」記爲五分。

你的最終分數是：＿＿＿＿

測驗說明

如果高於十五分，那麼魔術師原型可能是你當前的主導原型，請繼續閱讀下一章的內容，最終的綜合測驗結果，請見後記說明。

如果低於十五分，那麼魔術師原型是你當前正在壓抑或是忽視的原型，造成這種情況的原因有二：其一，你的自我能量還不夠強大，因此被魔術師原型的陰影所掌控，沒有發揮出魔術師原型的正向力量，甚至在濫用力量傷害他人。其二，你已經完成了魔術師原型的階段性發展任務，目前在使用其他原型來應對其他任務，換言之，你在避免自己展現魔術師原型的特質。

在我們的印象中，魔術師的祕密都是可以揭開的，他們只是營造了一個神奇的假象。但是意識層面的力量是一種相信就存在、不相信就不存在的神奇力量。魔術師原型的力量同樣如此，它以超越感官的方式給我們提示，在我們歷經生活的考驗之後，依舊要對人生心懷神祕的、充滿無限可能的期望。

第十八章 統治者

the ruler，英文原意是掌控規則或是執行規則的人。作為原型，可以翻譯為統治者。提到統治者，我們最先想到的意象是國王，也就是一個國家其所有規則的制定者、執行者和決策者。國王制定的規則，將會影響人們的生活——殘暴的國王和平和的國王所造成的影響是不同的。統治者原型並不強調統治者的威儀，而是強調統治者內在自我的整合能力，以及對外界環境的影響力。

統治者原型對自我探索的幫助

要成為國王，需要經過一定的選拔和考驗；同樣地，要成為內心的國王，也要經歷其他原型的考驗。**統治者原型經歷過各種原型的整合，因此能夠幫助我們建立起一個強大的自我。**當統治者原型主導的時候，我們可以根據當前的處境協調其他原型發揮作用。統治者原型善於抉擇，總能夠平衡自我欲望和他人欲望之間的差異。

統治者原型是強大的，它結合了自我在人生各個階段探索到的智慧和理想，統合了內在的激盪，力求創造一個單一、和諧的自我。當統治者原型完全發展，我們的十二原型將都有機會公平地展示自己的力量。因此，統治者原型也擁有一種成為生命主宰的強大力量，然而這種力量可能引導我們向善，也可能引導我們向惡。這個決定權並不在統治者原型手中，而在於我們的自我探索是否順利。

統治者原型有責任感、有領導力，在這個原型的主導下，自我冷靜且平靜，因為它需要認真權衡外部世界與內部自我之間的情況，並做出規劃；內心的統治者原型越平靜，所展現給環境的自我越穩定。在統治者原型的統領之下，自我開始想要引導我們過真正想過的生活。

與魔術師原型不同，統治者原型與其他所有的原型之間並不那麼和諧。雖然十二原型各自的特質不同，但是對於自我發展的重要性卻是相同的，它們就像是我們內心的十二種模樣，只是隨著年齡的增長，在我們主動或被動喚醒這些原型的過程中，其中一或幾個原型會展現得更多。但是這並不意味著被壓抑或未發展的原型沒有展現特質的意願，也不代表哪一種原型願意聽從另一種原型的指揮。只有在必要、需要合作的人生階段中，負擔相同任務的原型會暫時同行。原則上，在其他時間裡，每個原型之間依舊是相互獨立的。然而統治者原型的源動力是控制，而這勢必引發與其他原型的對立。

儘管統治者原型強勢，但是它在管理生命秩序的過程中充滿智慧。它透過外界的環境與內在自我的對比，協調其他原型的力量。在統治者原型主導的時候，自我已經經歷了孤兒原型、英雄原型、反抗者原型、探險家原型等，這些原型得到了一定程度的發展，個體也獲得了關於真理與自由的智慧。

當商業品牌以統治者原型為產品定位的時候，在運作過程中會以堅定的規則、高品質、強勢的態度與人們內在的統治者原型產生共鳴，讓人們對產品折服。例如，勞斯萊斯（Rolls-Royce）汽車創建於一九〇六年，是英國古老的豪華汽車品牌，該品牌所營造的是一種散發出古典氣質的貴族形象，並制定了屬於自己的穩定規則：低產量、純手工製作、藝術品。車內配有頂尖的高科技技術，但是這些都被隱藏起來，不會暴露在外面。它的外形低調典雅，並且還對消費者有一定要求。比如：黑色的勞斯萊斯只銷售給國王、女王、政要首領、總理和內閣成員；白色的勞斯萊斯只銷售給企業家、知名的文藝界和科學界人士；銀色的勞斯萊斯只銷售給政府部長級以上的高官和全球知名的社會人士。這個品牌如此傲慢和頤指氣使，卻有辦法讓消費者在不知不覺中遵守它的規則，成為臣服於它的子民。

統治者原型的陰影與沉溺

我們內在的國王可能是一個公正英明的君主，也可能是一個殘忍的暴君。當統治者原型的陰影占據主導地位時，自我就像生活在一個有著強烈控制欲的國王的統治之下。

統治者原型的陰影是「剛愎自用、自以為是，完全不為他人著想，專橫獨行」，類似的形象是動畫或電影裡的反派國王。他們可能曾經英明神武，但最終被權力和控制欲吞噬；他們不再為國家和子民的利益著想，注意力只集中在掌控權力上；他們為了控制而控制，用殘暴手段掩蓋內心的害怕；為了現在的地位，為了已有的權力，為了曾經的榮譽，他們不惜做出高壓的舉措，甚至一葉障目，看不到任何真實，也拒絕任何真實。

那些在生活中擁有一定權力的人，比較容易被這樣的陰影所控制。然而在普通的生活中，有一個角色也同樣擁有這樣至高的權力——父母。父母就是家庭的國王，子女就是子民。很多父母會抗議說自己才是孩子的奴僕，他們為孩子貢獻了全部的時間、心血和金錢。但這只是家庭分工的不同，在心理層面上，很多父母都擁有絕對的掌控權。

例如，在面對和孩子有關的選擇時，比方穿什麼衣服、用什麼電子產品、交什麼朋友、選擇什麼工作，父母會認為自己很民主，很尊重孩子的意見，但是他們詢問意見的方式是仗著自己的閱歷和身分去批判孩子的觀點，要求孩子完成自己所認為的「好的標準」。如果你是家長，這個時候你為自己辯駁的話多半會是：「我這麼做都是為了孩子好」，那麼恭喜你，你已經出現統治者陰影的特徵了。

統治者原型的另一個陰影是「頤指氣使、目中無人、心胸狹窄、揮霍浪費」。這樣不僅會傷害內在自我的統整，也會傷害其他人，人們不會一直生活在一個會傷害自己的國王的管理之下。不論我們目前對生活的規劃是什麼、對自我的認知處於什麼樣的階段，自我才是真正的主人。原型是在自我的需要之下被喚醒的，如果原型不能發揮出正向特質，那麼這個自我會何去何從呢？別擔心，這個決定權在我們手裡，從來不曾在其他任何人的手中。

統治者原型的代表人物

牛頓（Isaac Newton），近代物理學之父，英國物理學家、天文學家、數學家。

牛頓出生在十七世紀英國的一個小村落。小時候，牛頓雖然喜歡讀書，做各種觀察和科學小實驗，但是學業成績並不好。母親對他的期待是做一個略有常識的農民就好，若不是被中學時代的校長勸阻，母親就會安排牛頓學習耕作來維持生計。當牛頓進入劍橋大學，他開始接觸哥白尼（Nicolaus Copernicus）、伽利略（Galileo Galilei）、笛卡爾（René Descartes）、克卜勒（Johannes Kepler）等科學家的著作，啟蒙了他的思考。

牛頓的科學成就有很多，他發現了萬有引力、三大運動定律等物理規律，提出了牛頓流體，整合了經典力學和天體力學、提出聲速公式；在數學領域，他創立了微積分，提出了適用於任何冪的二項式定理；在光學領域，他發現白光是由不同波長的光混合而成，提出了光的微粒說；在熱學領域，他確定了冷卻定律；在天文學領域，他創造出反射望遠鏡，推算出潮汐的大小與月球的位相、太陽的方位有關⋯⋯，他的成就幾乎寫滿了整個中學物理課本。

牛頓就像是這個世界運行規則的發現者和驗證者，他一直在幫助人們整合關於這個世界的祕密。如果將世界類比為我們的內心世界，牛頓就是統治者原型的一個表象，似乎一切都在他的掌握之中。就像英國詩人亞歷山大・波普（Alexander Pope）為牛頓擬寫的墓誌：「自然及其運行規律隱藏在黑夜之中，上帝說，讓牛頓出現，於是一切皆光明。」

統治者原型要展現力量並不容易，需要權衡內在自我與外部自我，做好歸納和規劃，等待時機成熟。牛頓的智商大約有二九〇，但是在童年期並沒有什麼「天才兒童」的表現。當他接觸到科學論著的時候，才慢慢展現出超凡的能力。

如何喚醒統治者原型？

統治者原型喜歡一切盡在掌握之中的狀態，但是就像一個國王一點一點實現自己的政治理想一樣，統治者原型的發展也會經歷三個階段。

第一階段的統治者原型所展現出來的是責任感，為自己的生命負責，關注自己和家人的生活，嘗試整合暴露於外部世界的無力感。這個時候的國王剛剛即位，他們會關注內在和外在的所有資源，積極啟發自我潛力以及其他原型的發展狀態，力求有辦法調節目前自我的衝突，維持秩序的穩定。這時候自我的潛能可能被激發，也可能會被浪費，統治者要思考堅守已經擁有的生命力量。

第二階段的統治者原型會更加努力積極發展和提升自我，進一步統整內在的能力，關懷團隊的利益，對實現夢想的信心更加增強了。這個時候的國王經過一段時間的管理，更加清晰國民的福祉是什麼，甚至會發現只有做出一些犧牲和讓步，才能實現這個目標。其他原型之間有的已經達成合作，但是生命中的問題並沒有完全消解。他們常常為是否要做出犧牲而猶豫，也會為自己的軟弱和自私而自責。這時，他們對別人的幫助還是很少的，統治者原型還掙扎在如何為心靈世界做出更多努力，以及如何調控犧牲與收穫的天平。

第三階段的統治者原型能充分利用內在其他原型已經獲得的資源，同時也有精力關注外在社會和整個世界的集體利益，而此時的內在國王才得到了國民的認可和配合。發展到這個階段的統治者原型已經失去了凌駕於他人之上的欲望，因為每個人都是自己生命的主宰。在這個過程中，自我並不是一帆風順，它可能會沉浸在幸福中，沉浸在愛和痛苦中，沉浸在無力感中，但也正是這個時候，他們會以一種重新療癒的方式看到自己和他人的力量。

社會的利益是由每個人的利益所構成的，要創造出社會的巨大力量，需要每個人的力量都能夠發揮出來。人們只有不再相互競爭，而是相互理解、合作，才能獲得關於整體以及世界的資源。

如果將統治者原型的發展階段具象化，那麼第一階段的統治者只為自己的狀態和感受負責，只關注自己的潛能與協調統一。到了第二階段，統治者走進環境之中，在家庭、團體、職場中發揮領導力，將自我發展過程中總結的責任感、智慧、管理能力應用到其他環境中。最後，第三階段則是變成更大區域的領導者，此時統治者需要協調、管理的資源更多、付出的精力更大，謀求的福祉也更廣泛。

統治者是你目前的主導原型嗎？

❶ 人們信賴我的指導。

A 從來沒有　B 很少　C 有時　D 時常　E 總是

❷ 我具備領導者的特質。

A 從來沒有　B 很少　C 有時　D 時常　E 總是

❸ 我更願意負起責任。

A 從來沒有　B 很少　C 有時　D 時常　E 總是

❹ 我致力於環境、人類和自然的發展。

A 從來沒有　B 很少　C 有時　D 時常　E 總是

❺ 我擅長幫助他人找到適合自己能力的工作。

A 從來沒有　B 很少　C 有時　D 時常　E 總是

❻ 我藉由思想優勢來掌控形勢。

A 從來沒有　B 很少　C 有時　D 時常　E 總是

❖分數計算

選擇「A 從來沒有」記爲一分，選擇「B 很少」記爲二分，選擇「C 有時」記爲三分，選擇「D 時常」記爲四分，選擇「E 總是」記爲五分。

你的最終分數是：＿＿＿＿

❖測驗說明

如果高於十五分，那麼統治者原型可能是你當前的主導原型，最終的綜合測驗結果，請見後記說明。

如果低於十五分，那麼統治者原型是你當前正在壓抑或忽視的原型。其中的原因可能是你的自我還沒有準備好，其他的原型特質還沒有發展完全。你的生活中有可能已經出現了統治者原型的陰影，也有可能統治者原型還沒有被喚醒。

接下來，請將魔術師原型的測驗分數和統治者原型的測驗分數加總，如果總分大於四十四分，表示魔術師原型和統治者原型是你目前應對生活的時候最常使用的原型；如果總分小於四十四分，請閱讀後記中關於各原型分數的綜合說明。

魔術師原型得分：＿＿＿＿

統治者原型得分：＿＿＿＿

魔術師原型＋統治者原型得分：＿＿＿＿

如果魔術師原型分數更高，表示你是一個具有感染力的人，善於調節自己或他人的狀態，容易受到周圍人的喜歡和信賴，可是做事缺少規劃和行動力，想法看似有道理，卻不那麼實用。如果統治者原型分數更高，表示你在現在的生活中比較有規劃，凡事喜歡權衡，喜歡對比優勢和劣勢，但是往往缺少能力和信心，面對完美計畫感到有些無能爲力。如果兩個原型的分數相同，那麼你需要衡量兩個原型現在是衝突的狀態還是融合的狀態。

統治者原型和魔術師原型要應對的，是人生中年期有關權勢的生命課題。這裡的權勢並不代表在現實生活中的具體職務，而是對內在狀態與外在環境之間的掌控和權衡。在這個人生階段，人們的事業和生活都相當穩定，處在事業規劃初步實現，即將面臨退休的過渡階段。這時，我們的很多原型已經得到發展，同時累積了很多的內在資源和力量。

不論是心理層面，還是現實層面，都需要我們對現在的自己做出一個整理和回顧，重新面對自己蘊藏的力量。卡蘿博士希望，這個階段的人們首先承認自己所擁有的力量，再結合魔術師原型的影響力和統治者原型的統籌力，將這股力量釋放出來，進而產生積極正面的效果。

原型與生命課題的關係

在本書的最後，首先，請各位把每種原型的總分記錄在次頁表中，接著，請將表中分數排在前三位的原型標記出來。其中，分數高於十五分的，可能是你目前的人格特質中的主導原型，也可能是你目前在應對生活中的困境時最常使用、最活躍的原型。然後再把分數最低的原型標記出來，而這即是目前被壓抑或被忽視的原型。對於原型的壓抑是在潛意識中自動發生的，具體的壓抑表現在前文中已詳述。

如果你的分數中都沒有高於十五分的（通常這種情況比較少），那麼存在兩種可能情況。其一，請確認自己是真的理解測試題目並且據實作答；其二，你可能處於某些心理困擾中，以致每種原型都無法順利展現。若有這種情況發生，請關注自己的心理狀態，並尋求專業的諮詢和協助。

接著，請繼續使用下表將「天真者＋孤兒」、「英雄＋照顧者」、「探險家＋愛人者」、「反抗者＋創造者」、「小丑＋智者」、「魔術師＋統治者」的分數，兩兩相加，將總和大於四十四分的原型組合圈出來，其中分數最高的就是你目前生活中經常使用的原型力量。

每對原型組合對應的生命課題如次頁表格所示。找到自己現在所在的人生階段，其所對應的原型分數如何？如果分數超過四十四分，那麼你正在妥善地應對目前的

▶ 12 原型總分匯總表

原型名稱	分數	原型名稱	分數	總分
天真者		孤兒		
英雄		照顧者		
探險家		愛人者		
反抗者		創造者		
小丑		智者		
魔術師		統治者		

人生課題；如果低於四十四分，那麼需要思考一下為什麼會壓抑這對原型，你的自我恐懼和擔憂的是什麼？

接下來，請找到你現在所處的人生階段，然後回顧之前已經歷的人生階段。結合前文的測試結果，如果在某個時期所對應的兩個原型的總分大於四十四分，表示你已經完成了這個生命課題；如果低於四十四分，那麼這個人生課題可能留到了現在。

在每個課題對應的一對原型中，分數較高的原型得到的發展較

▶ 不同人生階段對應的生命課題＆原型對應表

人生階段	生命課題	對應原型	本書章節
童年期	安全	天真者、孤兒	第7章＆第8章
青春期後期	認同	探險家、愛人者	第11章＆第12章
成年期	責任	英雄、照顧者	第9章＆第10章
壯年期	務實	反抗者、創造者	第13章＆第14章
中年期	權勢	魔術師、統治者	第17章＆第18章
老年期	自由	小丑、智者	第15章＆第16章

多，而分差的大小則說明在那個人生階段中，對低分原型的壓抑程度。分差越大，說明壓抑越多，並且現在這個原型的發展階段可能也比較低，或許你依舊被這些被壓抑的原型陰影所影響著，這可能就是你的自我繼續發展的方向。（注意，前頁表格的原型應對，並不代表這對原型只會出現在該人生階段而已。）

當你閱讀到這裡時，你已經完成有關榮格的原型理論和卡蘿博士的十二原型分析了。本書或許能夠解答你在生活中所遇到的困惑，也或許會讓你更加迷惑。別擔心，我們不需要去批判過去的發展歷程，也不需要讓自己的人生完全與本書的描述相符，因為每個人的人生都是獨一無二的。**最重要的是發現真實的自我，找到自我最本質的真理，順應它、接受它、感受它將會帶來的一切。**

在十二原型中，也許你發現了很多高於十五分的原型，也就是曾經發揮出主導力量的原型，又或許有很多原型都低於十五分，表示這些原型都沒有發揮出的正向力量。沒關係，原型每一刻都在被喚醒，原型的發展是螺旋上升的，一切都還沒有結束。當你再次拿起這本書的時候，你的自我將會有全新的發展。有關原型的分析其指引的不僅僅是現在，還有未來。

發現主導原型和壓抑原型的目標不是重新規劃自我，而是看到自我的複雜程度和自我本身的力量泉源。原型並不等於人格類型，也不是將我們分類，這些原型也沒有誰優誰劣之分。就像正向心理學中所提倡的正向概念，我們不需要在同一時刻同時具備所有優秀的特質，所以也不需要在同一個人生階段喚醒所有的原型。

最重要的是找到原本的自己，知道「我是誰」和「我不是誰」，從心所欲地忠於成為原本的自己。

成為原本的自己：從榮格心理學出發探索 12 原型的力量 / 陳安逸著 . -- 初版 . -- 新北市：
晴好出版事業有限公司出版：遠足文化事業股份有限公司發行，2023.11
272 面；17x23 公分
ISBN 978-626-97511-3-6(平裝)

1.CST: 心理學

170　　　　112009260

Self-Help 004

成爲原本的自己

從榮格心理學出發探索 12 原型的力量

作者｜陳安逸
封面設計｜木木 Lin
插圖繪製｜ 22r_abbit
內文排版｜周書宇
責任編輯｜黃文慧
特約編輯｜周書宇

出版｜晴好出版事業有限公司
總編輯｜黃文慧
副總編輯｜鍾宜君
行銷企畫｜吳孟蓉、胡雯琳
地址｜ 10488 台北市中山區中山北路三段 36 巷 10 號 4 樓
網址｜ https://www.facebook.com/QinghaoBook
電子信箱｜ Qinghaobook@gmail.com
電話｜ (02) 2516-6892
傳真｜ (02) 2516-6891

發行｜遠足文化事業股份有限公司
（讀書共和國出版集團）
地址｜ 231 新北市新店區民權路 108-2 號 9F
電話｜ (02) 2218-1417
傳真｜ (02) 2218-1142
電子信箱｜ service@bookrep.com.tw
郵政帳號｜ 19504465
（戶名：遠足文化事業股份有限公司）
客服電話｜ 0800-221-029
團體訂購｜ 02-22181717 分機 1124
網　址｜ www.bookrep.com.tw
法律顧問｜華洋法律事務所／蘇文生律師
印　製｜東豪印刷

初版一刷｜ 2023 年 11 月
定　價｜ 420 元
ISBN ｜ 978-626-97511-3-6
EISBN (PDF) ｜ 9786267396001
EISBN (EPUB) ｜ 9786269775897